EatSmarter!

DIE RICHTIGE ERNÄHRUNG BEI INSULINRESISTENZ UND DIABETES

EatSmarter!

DIE RICHTIGE ERNÄHRUNG BEI INSULINRESISTENZ UND DIABETES

Das Kochbuch mit 50 Rezepten

riva

Bibliografische Information der Deutschen Nationalbibliothek:
Die Deutsche Nationalbibliothek verzeichnet diese Publikation in der Deutschen Nationalbibliografie. Detaillierte bibliografische Daten sind im Internet über http://d-nb.de abrufbar.

Für Fragen und Anregungen:
info@rivaverlag.de

Originalausgabe
1. Auflage 2018

Nymphenburger Straße 86
D-80636 München
Tel.: 089 651285-0
Fax: 089 652096

Text und Redaktion EatSmarter!: Iris Lange-Fricke
Redaktion: Caroline Kazianka
Umschlaggestaltung: Isabella Dorsch
Umschlagabbildungen und Abbildungen im Innenteil: S. 10: Shutterstock/ist_al_dente; S. 16: Shutterstock/marina_ua; S. 105: StockFood/Bischof, Harry; S. 111: StockFood/People Pictures; alle anderen Bilder: eatsmarter.de/westermann-buroh.de
Satz: inpunkt[w]o, Haiger (www.inpunktwo.de)
Druck: Florjancic Tisk d.o.o., Slowenien
Printed in the EU

ISBN Print 978-3-7423-0509-1
ISBN E-Book (PDF) 978-3-7453-0052-9
ISBN E-Book (EPUB, Mobi) 978-3-7453-0051-2

INHALT

EINLEITUNG

Die Zuckerkrankheit Diabetes mellitus ist auf dem Vormarsch: Immer mehr Erwachsene, aber auch zunehmend junge Menschen sowie Kinder entwickeln aufgrund ihres Lebensstils einen Diabetes oder die Vorstufe davon, die Insulinresistenz. Die gute Nachricht: Richtig zu essen kann diese ernährungsbedingte Erkrankung verbessern und ihr vorbeugen.

Diabetes mellitus wird in zwei Typen bzw. eine Vorstufe unterteilt, die im Folgenden genauer erklärt werden.

DIABETES MELLITUS TYP 1

Diese Form ist eine Autoimmunerkrankung, die oft schon im Kindes- und Jugendalter auftritt. Weil das eigene Immunsystem die insulinproduzierenden Zellen der Bauchspeicheldrüse zerstört, kann das Hormon Insulin nicht mehr gebildet werden und der Blutzuckerstoffwechsel nicht mehr einwandfrei funktionieren. Menschen mit Typ-1-Diabetes sind daher auf das lebenslange Spritzen von Insulin angewiesen.

Etwa fünf bis zehn Prozent der Diabetiker in den westlichen Industriestaaten sind diesem Typ zuzuordnen. Die übrige Prozentzahl entfällt auf Typ-2-Diabetiker sowie ein verschwindend geringer Anteil auf Betroffene von Schwangerschaftsdiabetes.

INSULINRESISTENZ UND DIABETES MELLITUS TYP 2

Normalerweise schüttet die Bauchspeicheldrüse das Hormon Insulin aus, wenn über unsere Nahrung Zucker in das Blut gelangt ist. Es sorgt dafür, dass die Glucose, also kleinste Kohlenhydrat-Bausteine, nach dem Essen aus dem Blut in die Körperzellen befördert und dort gespeichert wird oder zur Energiegewinnung zur Verfügung steht. Damit der Zucker in die Zellen transportiert werden kann, müssen diese das Insulin erkennen und bereit für die Aufnahme sein. Bei einer Insulinresistenz produziert die Bauchspeicheldrüse zwar noch Insulin, aber in enorm großen Mengen, weil ständig zu viel Zucker im Blut ist. Durch das Überangebot werden die Zellen jedoch übersättigt und unempfindlich, also resistent. Dadurch kann der Zucker nicht mehr in die Zellen gebracht werden und verbleibt im Blut. Das setzt einen Teufelskreis in Gang, denn wenn der Zucker weiterhin im Blut zirkuliert und nicht mehr von den Zellen aufgenommen wird, produziert die Bauchspeicheldrüse immer noch mehr Insulin. Das hat zur Folge, dass die zuständigen Zellen der Bauchspeicheldrüse schließlich den Dienst aufgeben und ihre Arbeit einstellen. So kann aus einer Insulinresistenz, die schleichend anfängt, kaum Beschwerden verursacht und lange verborgen bleibt, mit der Zeit ein Diabetes mellitus Typ 2 entstehen.

Sind Sie in letzter Zeit müde, kraftlos und schlapp, dann muss das nicht unbedingt stressbedingt sein. Es kann sich dabei schon um Anzeichen einer Veränderung des Zuckerstoffwechsels handeln. Häufig kommt die Energie, die durch die Mahlzeiten aufgenommen wird, nicht im Gehirn und in den Muskeln an. Die Folge sind Kraftlosigkeit und Müdigkeit. Auch Übergewicht, ein erhöhter Blutdruck oder Blutfettwerte können erste Anzeichen für eine Insulinresistenz oder einen beginnenden Diabetes mellitus Typ 2 sein. Durch Bewegungsmangel verbrauchen die Muskeln kaum Blutzucker als Energie, was die Insulinresistenz noch schneller voranschreiten lässt.

DIABETES ERKENNEN

Ein erhöhter Blutzuckerspiegel, Harnzucker, eine vermehrte Urinausscheidung sowie starker Durst gehören zu den Hauptkennzeichen von Diabetes mellitus.

DIABETES ODER NICHT?

- Ein normaler Blutzuckerwert liegt nüchtern unter 100 mg/dl.
- Liegen die Werte zwischen 100 und 126 mg/dl, kann es sich um die Vorstufe zum Diabetes – die Insulinresistenz – handeln.
- Nüchternblutzuckerwerte über 126 mg/dl können ein Hinweis auf einen Diabetes sein.
- Bei einem Blutzuckerwert von 200 mg/dl gilt man als Diabetes-Patient.

Folgende Symptome können ebenfalls auf eine Erkrankung an beiden Diabetes-Typen hinweisen:

- Wachstumsstörungen, Gewichtsabnahme (bei Kindern)
- Verschlechterung der Sehkraft
- Muskelkrämpfe
- Müdigkeit und Schlappheit
- Menstruationsstörungen
- Unwohlsein
- psychische Veränderungen (Aggressivität)
- schlechte Wundheilung
- Infektanfälligkeit

Wird Diabetes nicht richtig oder gar nicht behandelt, kann das zu schweren Folge- und Spätschäden führen. Es drohen Herz-Kreislauf-Erkrankungen, Nierenversagen, Erblindung sowie Nervenstörungen. Ein dauerhaft erhöhter Blutzucker kann sich schädlich auf Organe, Nerven und Gefäße auswirken.

INSULINRESISTENZ UND DIABETES BEHANDELN

Werden Sie aktiv und beugen Sie den Folgen der Stoffwechselerkrankung vor. Die Behandlung umfasst drei Therapieformen und wird individuell von Ihrem Arzt empfohlen. Neben einer Ernährungsumstellung können Medikamente und Insulinspritzen helfen, den Stoffwechsel wieder ins Gleichgewicht zu bringen.

WICHTIG:

Die Ernährungstherapie bei Diabetes sollte immer vom Arzt begleitet werden, insbesondere wenn parallel eine Medikation stattfindet. Diese muss mit den Erfolgen der Therapie angepasst werden.

Eine wichtige Information für Sie vorab: Früher bedeutete die Diagnose Diabetes mellitus Typ 2 eine lebenslange Tabletteneinnahme oder dauerhaftes Spritzen von Insulin. Heute weiß man, dass es Patienten gelingen kann, durch gezielte Ernährung und Bewegung die Medikamentendosis zu reduzieren oder diese sogar ganz abzusetzen. Ziel der Ernährungsumstellung ist es, das Gewicht zu verringern und die natürliche Insulinproduktion anzukurbeln. Besonders das gefährliche Bauchfett sollte eingeschränkt werden, da die vorhandenen Fettzellen Botenstoffe ausschütten, die den Stoffwechsel negativ beeinflussen.

Gerade die Insulinresistenz, aber auch ein bestehender Diabetes Typ 2 kann durch eine veränderte Lebensweise mit der passenden Ernährung und Bewegung behandelt und verbessert werden.

OPTIMAL ESSEN UND DEN BLUTZUCKER SENKEN

Sie können das auch schaffen: Dafür müssen Sie keine Diät halten, sondern können mit einer gezielten und dauerhaften Ernährungsumstellung die Symptome des Diabetes Typ 2 deutlich verringern und das Gewicht normalisieren. Dabei ist es wichtig, Lebensmittel auszuwählen, die kaum Einfluss auf den Blutzuckerspiegel haben und die Insulinausschüttung gering halten. So können große Blutzuckerschwankungen vermieden werden.

BLUTZUCKER SENKEN MIT MODERATER LOW-CARB-ERNÄHRUNG

Eine Ernährung bei Diabetes Typ 2 und Insulinresistenz unterscheidet sich nur wenig von den modernen Ernährungsempfehlungen für gesunde Menschen. Bei der Wahl der Lebensmittel sollte darauf geachtet werden, dass diese hochwertig und möglichst unverarbeitet sind. Geeignet sind z. B. Gemüse, Fisch, Fleisch, Nüsse, Eier, Hülsenfrüchte, Milchprodukte und gesunde Öle wie Oliven- oder Nussöl.

Daher ist eine gemäßigte Low-Carb-Ernährung bei der Behandlung von Diabetes und Insulinresistenz empfehlenswert. Mit dieser Ernährungsform kann sich der Blutzuckerspiegel normalisieren. Wenn wenig Insulin im Blut zirkuliert, werden zudem der Fettabbau und die Gewichtsabnahme gefördert. Dabei sollten Sie auf komplexe Kohlenhydrate, eine ausreichende Menge an Eiweiß und Fett setzen. Mehrere Studien belegen, dass eine Low-Carb-Ernährung, im Vergleich zu anderen Ernährungsformen, den Insulinspiegel am meisten senken und gleichzeitig die Insulinsensitivität erhöhen kann. Diese Nährstoff-Kombination kann das Gewicht positiv beeinflussen und entsprechend günstig auf den Blutzuckerspiegel wirken. Deshalb ist eine solche moderate kohlenhydratarme Ernährung nicht nur sinnvoll, um Gewicht zu verlieren, sondern auch, um Diabetes zu kontrollieren. Einer Insulinresistenz kann damit ebenfalls optimal entgegengewirkt werden.

WELCHEN EINFLUSS HABEN KOHLENHYDRATE AUF UNSEREN KÖRPER?

Wenn Sie zucker- und stärkereiche Lebensmittel mit schnell verfügbaren Kohlenhydraten essen, wie Weißbrot, Backwaren, Reis, Nudeln, zuckerreiche Obstsorten und Süßigkeiten, wird schnelle Energie geliefert, die auch rasch wieder verbraucht wird. Wer den Tag schon mit einem süßen Brötchen beginnt, zwischendurch einen Schokoriegel und Fast Food isst, braucht sich über Heißhunger und Übergewicht sowie erhöhte Blutzuckerwerte nicht wundern. Diese Produkte enthalten reichlich schnell verwertbare Kohlenhydrate, die den Blutzuckerspiegel rapide ansteigen lassen. Die Insulinausschüttung wird verstärkt und der Blutzuckerspiegel sinkt unter den Normalwert. Die Folgen sind Unterzuckerung und starker Appetit. So liegt der erneute Griff zu Süßigkeiten oder Weißmehlprodukten nahe und es entsteht ein Teufelskreis. Zudem wird mit einem erhöhten Insulinspiegel die Fettverbrennung verhindert. Noch dazu werden überschüssige Kohlenhydrate im Körper zu Fett umgewandelt und in den Fettzellen abgespeichert – landen also direkt auf den Hüften.

Wählen Sie stattdessen lieber ballaststoffreiche Produkte mit komplexen Kohlenhydraten. Diese gelangen nach und nach ins Blut, das Insulin wird nur langsam ausgeschüttet und der Blutzucker wird sukzessive abgebaut. Dadurch hält die Sättigung länger an und Heißhunger kommt gar nicht erst auf. Ein toller Nebeneffekt: Das Auf und Ab des Insulinpegels hat ein Ende und die Fettverbrennung wird aktiviert.

PASSENDE ERNÄHRUNG UND LEBENSMITTELAUSWAHL

Sie haben es in der Hand und können mit einer Ernährungsumstellung Ihre Blutzuckerwerte verbessern. So kann die Ernährung bei Insulinresistenz aussehen:

MODERATE KOHLENHYDRATMENGE UND KOMPLEXE KOHLENHYDRATE

Eine maßvolle Low-Carb-Ernährung mit einer Menge von bis zu 150 Gramm Kohlenhydraten am Tag ist für Menschen mit Diabetes Typ 2 und Insulinresistenz empfehlenswert und als dauerhafte Ernährung geeignet. Nehmen Sie dabei bevorzugt komplexe Kohlenhydrate und ballaststoffreiche Produkte zu sich:

- Essen Sie sich satt an sämtlichen Gemüsesorten!
- Bevorzugen Sie bei Obst zuckerarme Sorten und essen Sie nicht mehr als zwei Portionen am Tag. Wählen Sie dazu etwa Beerenobst, Kiwi, Wassermelone, Äpfel, Birnen und Zitrusfrüchte.
- Verzehren Sie eine geringe Menge an gesunden stärkehaltigen Lebensmitteln wie Kartoffeln, Haferflocken oder Vollkorngetreide.

TIPP:

In 100 Gramm Kartoffeln stecken z. B. etwa 17 Gramm Kohlenhydrate. 100 Gramm Haferflocken enthalten dagegen ca. 63 Gramm Kohlenhydrate.

Wie viele Kohlenhydrate man am Tag essen sollte, um sich wohlzufühlen und gleichzeitig abzunehmen, ist von Person zu Person unterschiedlich. Die optimale Menge hängt von einigen Faktoren ab: Geschlecht, Alter, Körperzusammensetzung, körperliche Aktivität sowie persönliche Vorlieben beeinflussen den Kohlenhydrat-Tagesbedarf.

Wer viel Sport treibt und einen großen Anteil an Muskelmasse im Körper hat, kann mehr Kohlenhydrate pro Tag essen als jemand, der seinen Alltag überwiegend sitzend verbringt. Vor allem beim Krafttraining mit Gewichten und beim Sprinten werden einige Kohlenhydrate verbraucht.

Ein weiterer wichtiger Aspekt ist ein gesunder Stoffwechsel. Menschen, bei denen hier eine Störung vorliegt, z. B. weil sie unter Diabetes Typ 2 leiden, vertragen weniger Kohlenhydrate als Personen mit einem gut funktionierenden Stoffwechsel.

WICHTIG:

Jeder Mensch ist individuell verschieden und hat persönliche Bedürfnisse. Probieren Sie für sich aus, wie viele Kohlenhydrate Sie am Tag benötigen, um sich beim Abnehmen nicht zu quälen, und sprechen Sie vor dem Beginn der Ernährungsumstellung immer mit Ihrem Hausarzt!

Ein sinnvoller Start in eine kohlenhydratarme Ernährung ist es, alle einfachen Kohlenhydrate und zuckerreichen Lebensmittel wie Süßigkeiten, Weißbrot, Nudeln und weißen Reis, Fruchtsäfte, gezuckerte Getränke, Frühstücksflocken, Müsli mit Zuckerzusatz, Marmelade und andere süße Brotaufstriche vom Speiseplan zu verbannen. Eine hohe Zuckeraufnahme erhöht den Insulinspiegel und kann zu Insulinresistenz führen. Das Vermeiden von Zucker ist wohl der effektivste Weg, um den Insulinspiegel zu senken.

VORSICHT ZUCKERFALLE!

Achten Sie auch auf Produkte mit Fruchtzucker und auf versteckten Zucker in Fertiggerichten, Light-Produkten, Softdrinks und Fast Food. Reduzieren Sie die Aufnahme dieser Lebensmittel und kochen Sie frisch mit unverarbeiteten Nahrungsmitteln. Nehmen Sie sich Zeit beim Einkaufen und studieren Sie die Zutatenlisten und Nährwertangaben. So tappen Sie nicht in die Zuckerfalle.

VIELE BALLASTSTOFFE ESSEN

Diese Quellstoffe und Pflanzenfasern sind bei Insulinresistenz und Diabetes Typ 2 besonders wichtig, weil sie die Insulinsensitivität erhöhen und den Insulinspiegel senken können. Ballaststoffe stecken vor allem in Obst, Gemüse, Pilzen, Nüssen, Samen, Vollkorngetreide und Hülsenfrüchten. Sie binden im Körper Flüssigkeit und quellen auf. Dadurch fühlen Sie sich lange Zeit satt. Zusätzlich regulieren sie die Verdauung und halten den Blutzucker nach dem Essen stabil. Verzehren Sie mindestens 30 Gramm Ballaststoffe am Tag. Sie können Ihre Mahlzeiten zudem mit Leinsamen, Flohsamenschalen, Hafer- und Weizenkleie anreichern und so die Ballaststoffmenge erhöhen. Trinken Sie dazu reichlich Wasser, damit die Ballaststoffe aufquellen können. Sonst drohen Bauchschmerzen, Verdauungsbeschwerden und Verstopfung.

TIPP:

Füllen Sie sich Ihren Teller immer mindestens zur Hälfte mit Gemüse! Gemüse enthält wenig Kalorien und Kohlenhydrate, dafür viele Ballaststoffe, die eine gute Quellfähigkeit besitzen und so das Nahrungsvolumen vergrößern. Ist der Magen gefüllt, signalisiert er dem Gehirn: »Ich bin satt.«

AUSREICHEND EIWEISS

Proteine machen super satt, fördern den Muskelaufbau und regen den Stoffwechsel an. Deswegen sollten eiweißreiche Produkte zu jeder Mahlzeit verzehrt werden. Eine Kombination aus pflanzlichen und tierischen Eiweißlieferanten ergänzt sich gut und erhöht die Eiweißqualität. Eiweißreiche Lebensmittel sind Milch und Milchprodukte, Eier, Fleisch, Fisch, Nüsse und Hülsenfrüchte. Ein angemessener Verzehr von Proteinen wirkt sich positiv auf die Gewichtskontrolle und den Insulinspiegel aus. Etwa 0,8 bis 1 Gramm Eiweiß pro Kilogramm Körpergewicht wird als Menge pro Tag empfohlen.

TIPP:
In 100 Gramm Hähnchenbrust ohne Haut stecken z. B. etwa 24 Gramm Eiweiß. 100 Gramm Mandeln enthalten ca. 19 Gramm Eiweiß.

GUTE FETTE BEVORZUGEN

Der früher als Dickmacher bezeichnete Nährstoff Fett ist derzeit wieder in aller Munde. In einer normalen Menge und in Verbindung mit einer ausgewogenen Lebensmittelauswahl ist dieser Energielieferant nicht Ursache für Übergewicht, sondern hat zahlreiche Vorteile für unsere Gesundheit. Bevorzugen Sie aber unbedingt hochwertige Fettlieferanten und Pflanzenöle wie Nüsse, Olivenöl, Rapsöl, Leinöl, Nussöle, Avocado, Oliven und fettreichen Fisch (Lachs, Makrele, Hering, Sardine und Thunfisch). Insbesondere die enthaltenen Omega-3-Fettsäuren sind wertvoll und dienen als Baustoff für Gehirn, Zellen und Hormone. Diese essenziellen Fettsäuren können nachweislich unsere Gefäße und das Herz schützen. Studien zeigen außerdem, dass fettreicher Fisch bei Fettleibigkeit oder Schwangerschaftsdiabetes hilft, die Insulinresistenz zu reduzieren, und zusätzlich den Insulinspiegel senken kann.

TRINKEN SIE SICH FIT

Reichlich Trinken ist für die Gesundheit, Fitness und Leistungsfähigkeit unverzichtbar! Täglich sollten es 1,5 bis 2 Liter Flüssigkeit sein, am besten zucker- und energiefrei. Die besten Durstlöscher sind Wasser und ungesüßte Kräutertees. Wasser dient als Lösungsmittel, Baustoff, Transportmittel und reguliert durch den Schweiß unsere Körpertemperatur. Der Stoffwechsel und die Verdauung werden durch viel Trinken angeregt. Übrigens kann schwarzer Kaffee in Maßen (etwa zwei bis drei Tassen am Tag) in die Flüssigkeitsmenge miteingerechnet werden.

MAHLZEITEN UND PORTIONSGRÖSSEN

Geben Sie Ihrem Alltag eine klare Struktur und planen Sie drei ausgewogene Mahlzeiten über den Tag verteilt ein. So bleibt der Stoffwechsel aktiv und der Blutzuckerspiegel gerät nicht in starkes Wanken. Lassen Sie Zwischenmahlzeiten lieber weg, denn diese können den Blutzuckerspiegel ansteigen lassen. Wenn es etwas Süßes sein soll, dann essen Sie dieses direkt nach der Hauptmahlzeit. So wird der Insulinspiegel nicht zu sehr beeinflusst. Haben Sie zwischendurch Hunger und Appetit, dann können Sie sich im Notfall Gemüserohkost, eine Handvoll Nüsse, etwas Käse oder ein hart gekochtes Ei gönnen.

Auch wenn die Bauchspeicheldrüse normalerweise in der Lage ist, je nach Art und Menge einer Speise die individuell benötigte Insulinmenge auszuschütten, führt eine übermäßige Nahrungszufuhr zu einem erhöhten Insulinspiegel.

DER PERFEKTE TELLER

Gesund abnehmen mit der Tellereinteilung: Die Hälfte des Tellers sollte mit Gemüse gefüllt sein. Auf einem Viertel sollte sich etwas Eiweißreiches befinden, etwas weniger als ein Viertel mit komplexen Kohlenhydraten bestückt sein und dazu kommt noch eine kleine Menge Fett.

Für diese Einteilung brauchen Sie keine Waage: Mit Ihrer Hand können Sie die passenden Portionsgrößen abmessen. Bei Gemüse empfehlen wir zwei Handvoll und bei den kohlenhydrat- und eiweißreichen Komponenten je eine Handvoll. Das ist eine gute Orientierung. Wer sich sportlich betätigt, kann sich bei den Kohlenhydraten etwas mehr bedienen.

REGELMÄSSIGER SPORT SENKT INSULINSPIEGEL

Wer seinen Insulinspiegel senken möchte, sollte sich regelmäßig bewegen und sportlich betätigen. Schon ein flotter 30-minütiger Spaziergang hat einen positiven Einfluss auf den Blutzuckerspiegel, denn bei der Bewegung können die Zellen auch ohne die Hilfe von Insulin Zucker aufnehmen und verwerten. Eine Kombination aus Ausdauersport und Krafttraining kann die Insulinsensitivität wirkungsvoll erhöhen und den Insulinspiegel senken.

MODERATE LOW-CARB-ERNÄHRUNG AUF EINEN BLICK

LEBENSMITTELTABELLE MIT PORTIONSGRÖSSEN UND VERTEILUNG DER PORTIONEN AM TAG BZW. IN DER WOCHE

Um die Gestaltung Ihres Speiseplanes zu vereinfachen, haben wir ein Baukastensystem entwickelt, mit dem Sie sich Ihre Mahlzeiten aus den unterschiedlichen Lebensmittelgruppen zusammenstellen können. Diese Tabelle zeigt, wie viel Portionen sie von welcher Gruppe essen können und wie eine Portion aussieht. Damit haben Sie eine Orientierung, müssen keine Kalorien zählen oder starr nach einem Plan essen.

Lebensmittelgruppe	Portionen	Empfohlene Lebensmittel und Portionsgröße
Getreide/ Kartoffeln	1–2 Portionen am Tag	• 1 Scheibe Vollkornbrot (à 50 g) • 1 Vollkornbrötchen (à 50 g) • 2 Scheiben Knäckebrot • 3–4 EL Haferflocken, Müsli (ohne Zucker) • 100 g Pellkartoffeln, Vollkornreis, -nudeln (gegart)
Milchprodukte	1–3 Portionen am Tag	• 1–2 Scheiben Schnittkäse, Weichkäse, Frischkäse, Mozzarella, Schafskäse bis 45 % F. i. Tr. Hüttenkäse (30–50 g) • 1 Becher Joghurt bis 3,5 % Fett (150 g) • 1 Glas Kuhmilch bis 3,5 % Fett (200 ml) • Speisequark bis 20 % Fett i. Tr. (150 g) • 200 ml Buttermilch
Fleisch und Wurst	2–3 Portionen in der Woche	• 150 g mageres Fleisch wie Pute, Hähnchen, Rinder-, Lammfilet • 50 g magere Wurst (ca. 1–2 Scheiben) wie Lachsschinken, gekochter Schinken, Geflügelaufschnitt, Corned Beef, Kassler, Aspik
Fisch und Meeresfrüchte	1–2 Portionen in der Woche	• 150 g Fisch wie Lachs, Makrele, Hering, Kabeljau, Garnelen, Sardine, Seezunge
Eier	2–3 Portionen in der Woche	• 1 Ei in allen Varianten
Gemüse und Hülsenfrüchte	3 Portionen je 2 Handvoll am Tag	• 2 Handvoll Gemüse gekocht oder roh – jedes Gemüse • 120 g gegarte Hülsenfrüchte wie Linsen, Bohnen, Erbsen, Kichererbsen
Obst	2 Portionen je 1 Handvoll am Tag	• 1 Handvoll zuckerarmes Obst (150 g) wie z.B. Beerenobst, Kiwi, Wassermelone, Apfel, Zitrusfrüchte, Nektarine
Fett	2–3 Portionen am Tag	• 1 EL Pflanzenöl (10–15 g) wie Nussöl, Leinöl, Olivenöl, Rapsöl • 2 TL Butter (10–15 g) • 2 EL Essig-Öl-Dressing
Nüsse und Samen	1 kleine Handvoll am Tag	• max. 25 g Cashewkerne, Haselnüsse, Mandeln, Kürbiskerne, Pinienkerne, Walnüsse, Erdnüsse
Getränke	6–8 Portionen am Tag	• 1 Glas à 250–300 ml Wasser, Früchte- oder Kräutertee, höchstens 2–3 Tassen schwarzen Kaffee oder schwarzen Tee

INFORMATIONEN ZU DEN NÄHRWERTEN

Die EatSmarter!-Bewertung informiert Sie auf die Schnelle, was das gewählte Rezept Ihrem Körper zu bieten hat. Dafür haben Ernährungsexperten jeweils alle wichtigen Inhaltsstoffe unter die Lupe genommen, die Vor- und Nachteile gegeneinander abgewogen und das komplette Gericht sorgfältig bewertet.

KALORIEN/ENERGIE

Kalorienangaben finden Sie überall. Aber EatSmarter! bewertet auch die Menge an wichtigen Nährstoffen, also die Qualität eines Gerichts. Anhand der Bewertung erkennen Sie, wie viel Gutes im gewählten Gericht zu finden ist; man spricht dabei von der Nährstoffdichte.

FETT

Fett ist wichtig und wird überall im Körper gebraucht. Die größte Aufgabe vom Fett ist, Energie zu liefern. Das kann kein Nährstoff so gut wie Fett. Außerdem dient Fett als Baustein für die Produktion von Hormonen, die unter anderem den Bluthochdruck regulieren oder entzündungs- und gerinnungshemmend wirken. Auch die Vitaminversorgung ist von Fett abhängig: Es gibt bestimmte Vitamine (A, D, E und K), die nur vom Körper aufgenommen werden können, wenn sie in Fett gelöst sind.

EIWEISS/PROTEIN

Eiweiß (Protein) gehört zu den Grundbausteinen menschlicher Zellen. Eiweiße steuern unzählige wichtige Prozesse im Körper, darunter den Stoffwechsel. In fast allen Nahrungsmitteln kommen Eiweiße vor – sowohl in pflanzlichen wie in tierischen. Die bekanntesten Proteinlieferanten sind Eier, Fleisch, Fisch und Milchprodukte sowie Hülsenfrüchte und Kartoffeln.

KOHLENHYDRATE

Kohlenhydrate bilden – neben Eiweißen und Fetten – einen weiteren Hauptnährstoff unserer Ernährung. Kohlenhydrate bestehen hauptsächlich aus Zuckermolekülen und sind wichtige Energielieferanten für unseren Körper, beispielsweise für die Gehirn- und Muskelfunktionen.

BALLASTSTOFFE

Ballaststoffe spielen eine wichtige Rolle bei der Sättigung und helfen, den Verdauungstrakt gesund zu halten. Deshalb gilt: je mehr Ballaststoffe, desto besser.

FRÜHSTÜCK

KOKOS-KEFIR-QUARK MIT HONIGMELONE

Pro Portion: Kilokalorien: 217 kcal; Fett: 9 g; Protein: 13 g; Kohlenhydrate: 19 g; Ballaststoffe: 3,8 g

15 MIN.

Zutaten für 2 Portionen

1 EL Kokosraspel
½ Honigmelone (ca. 200 g Fruchtfleisch)
1 Stiel Zitronenmelisse
½ Zitrone
100 g Magerquark
150 ml Kefir
2 EL geschrotete Leinsamen

1. Kokosraspel in einer beschichteten Pfanne ohne Fett rösten und dann auf einem Teller abkühlen lassen.
2. Melone entkernen, in Spalten schneiden, schälen und Fruchtfleisch klein würfeln.
3. Zitronenmelisse waschen, trocken schütteln, Blätter abzupfen und in feine Streifen schneiden.
4. Die ½ Zitrone auspressen und den Saft in eine Schüssel geben. Saft mit Quark und Kefir verrühren.
5. Kokosraspel und Leinsamen zugeben, dann die Melonenwürfel untermischen und alles etwa 5 Minuten ziehen lassen.
6. Den Kokos-Kefir-Quark in 2 Schälchen füllen, mit Zitronenmelisse bestreuen und servieren.

WARUM GESUND

Frühstück mit allerbestem Gewissen: Mit der angenehm süßsäuerlichen Quarkspeise lässt sich der Tag mit wenig Fett und Kalorien so köstlich wie erfrischend beginnen. Reichlich Eiweiß, Kalzium und Vitamine gibt´s ganz nebenbei noch dazu!

NOCH SMARTER

Wenn Sie es gern farbenfroh mögen, verwenden Sie statt der Honigmelone einfach Wassermelone oder Papaya! Diese Obstsorten sind zudem noch zuckerärmer.

BROMBEER-NEKTARINEN-SALAT MIT QUARK

Pro Portion: Kilokalorien: 184 kcal; Fett: 6 g; Protein: 13 g; Kohlenhydrate: 18 g; Ballaststoffe: 5,8 g

15 MIN.

Zutaten für 2 Portionen

100 g Brombeeren
1 Nektarine (125 g)
150 g Magerquark
1 EL Haferkleie
1 EL Leinöl
2–3 EL Mineralwasser mit Kohlensäure
1 Prise Vanillemark
4 EL Amaranth-Pops (ca. 12 g)

1. Brombeeren abspülen, verlesen und abtropfen lassen.
2. Nektarine waschen, trocken reiben, halbieren, entsteinen und das Fruchtfleisch in sehr dünne Spalten schneiden.
3. Den Quark mit der Kleie, Leinöl und dem Mineralwasser in einer Schüssel verrühren und mit Vanillemark abschmecken.
4. Quark mit den Früchten auf 2 Tellern anrichten und mit Amaranth-Pops bestreuen.

WARUM GESUND

Ein leichtes Frühstück mit viel Eiweiß, Ballaststoffen und wenig Fett: Dieser Starter vertreibt schnell den Hunger und sorgt für ein angenehmes Sättigungsgefühl. Die unlöslichen Ballaststoffe schaffen es bis in den Darm und regen ihn zur Tätigkeit an; die löslichen helfen, die Blutfettwerte zu senken.

NOCH SMARTER

Wer es süßer mag, kann eine kleine Menge Agavendicksaft zugeben. Seine Süßkraft ist etwa 20 Prozent höher als die von Haushaltszucker; man braucht also weniger davon. Außerdem ist er auch für Diabetiker geeignet, da er reichlich vom blutzuckerneutralen Inulin (Polysaccharid) enthält.

AYURVEDA-MÜSLI MIT APFEL-BIRNEN-KOMPOTT

Pro Portion: Kilokalorien: 339 kcal; Fett: 7 g; Protein: 9 g; Kohlenhydrate: 60 g; Ballaststoffe: 10 g

15 MIN.

Zutaten für 2 Portionen

1 Stück frischer Ingwer (ca. 20 g)

120 g feine 5-Korn-Getreideflockenmischung oder Vollkorn-Haferflocken

1 säuerlicher Apfel (ca. 200 g)

1 Birne (ca. 150 g)

1 TL Ghee

etwas Zimt

1. Ingwer schälen und fein reiben.
2. Getreideflocken, Ingwer und 500 ml Wasser in einen Topf geben, aufkochen und unter Rühren 3–5 Minuten bei geringer Hitze köcheln lassen.
3. Apfel und Birne waschen, trocken reiben. Die Früchte vierteln, entkernen und in Spalten schneiden.
4. Ghee in einem weiteren Topf erhitzen. Apfel- und Birnenspalten zugeben und 2–3 Minuten bei geringer Hitze dünsten. Mit Zimt abschmecken.
5. Getreidebrei und Obstkompott in Gläser schichten.

NOCH SMARTER

Wählen Sie eine besonders Vitamin-C-reiche Apfelsorte für das Ayurveda-Müsli, beispielsweise Berlepsch, Idared, Jonagold oder Boskop.

WARUM GESUND

10 Gramm Ballaststoffe pro Portion: Da kommt kein klassisches Frühstück mit! Die unverdaulichen Ballaststoffe aus dem Getreide besitzen einen hohen Sättigungsfaktor, halten den Blutzuckerspiegel lange im Lot und bewahren uns somit vor dem Griff zu kalorienreichen Snacks für zwischendurch.

KOKOS-REIS-OMELETT MIT HEIDELBEEREN

Pro Portion: Kilokalorien: 231 kcal; Fett: 13 g; Protein: 10 g; Kohlenhydrate: 17 g; Ballaststoffe: 7,8 g

60 MIN.

Zutaten für 2 Portionen

30 g Vollkornreis
200 g Heidelbeeren
2 Eier
2 EL Milch (3,5 % Fett)
1 EL Kokosraspel
2 EL Haferkleie
1 Prise Salz
2 TL Öl (z.B. Rapsöl)

1. 60 ml Wasser in einem Topf zum Kochen bringen, Reis einstreuen und zugedeckt bei geringer Hitze etwa 30 Minuten garen. Topf vom Herd nehmen und Reis gegebenenfalls abgießen und etwa 10 Minuten abkühlen lassen.
2. Heidelbeeren verlesen, vorsichtig waschen und gut abtropfen lassen.
3. Eier, Milch, Kokosraspel, abgetropften Reis, Kleie und Salz in einer Schüssel verrühren.
4. 1 TL Öl in einer kleinen beschichteten Pfanne erhitzen. Die Hälfte der Eier-Reis-Mischung darin von beiden Seiten goldbraun backen. Aus der restlichen Masse auf dieselbe Weise ein zweites Omelett zubereiten. Die Heidelbeeren auf den Omeletts verteilen und die Eierspeise servieren.

WARUM GESUND

Lust auf eine süße Hauptmahlzeit? Hier wird sie auf figurfreundliche Art gestillt, denn die leckeren Omeletts haben noch nicht mal 250 Kalorien pro Portion. Dafür glänzen sie mit B-Vitaminen und Ballaststoffen, die bekanntlich für eine gute Verdauung sorgen und schön satt machen.

NOCH SMARTER

Viel schneller ist das Omelett auf dem Teller, wenn Sie dafür Reisreste vom Vortag verwenden können: Dann brauchen Sie die Körnchen nicht zu garen und sparen gut 30 Minuten.

SPARGEL-SCHINKEN-OMELETT MIT KARTOFFELN UND PETERSILIE

Pro Portion: Kilokalorien: 288 kcal; Fett: 16 g; Protein: 19 g; Kohlenhydrate: 15 g; Ballaststoffe: 3,5 g

50 MIN.

Zutaten für 2 Portionen

200 g neue Kartoffeln
Salz
150 g weißer Spargel
1 Zwiebel
50 g Lachsschinken
2 Stiele Petersilie
3 Eier
1 EL Olivenöl
Pfeffer

NOCH SMARTER

Das Omelett in einer fleischlosen Variante: Statt des Schinkens eine Handvoll frischen Spinat zugeben und, wenn Sie mögen, etwas Parmesan für die Würze.

1. Kartoffeln gut waschen oder gegebenenfalls schälen. In kochendem Salzwasser ca. 20 Minuten garen, abgießen und abkühlen lassen. Während die Kartoffeln kochen, den Spargel schälen, die unteren holzigen Enden abschneiden. Spargel in einem Topf mit Salzwasser ca. 15 Minuten garen, aus dem Wasser heben, gut abtropfen und abkühlen lassen. Zwiebel schälen und fein würfeln.
2. Spargel und Kartoffeln in kleine Stücke schneiden.
3. Lachsschinken in Streifen schneiden.
4. Petersilie waschen, trocken schütteln, Blätter abzupfen und hacken. Eier in eine Schüssel aufschlagen und mit der gehackten Petersilie verquirlen.
5. Öl in einer beschichteten Pfanne erhitzen, Zwiebelwürfel darin bei mittlerer Hitze 1–2 Minuten glasig andünsten.
6. Kartoffeln dazugeben und 2 Minuten weiterbraten.
7. Spargel dazugeben und 1 Minute braten.
8. Den Lachsschinken zugeben und alles mit Salz und Pfeffer würzen.
9. Eier in die Pfanne geben und zugedeckt bei geringer Hitze 5–6 Minuten stocken lassen. Omelett aus der Pfanne auf einen Servierteller stürzen und sofort servieren.

WARUM GESUND

Eignet sich morgens, mittags oder abends als Mahlzeit. Das Omelett ist besonders reich an Biotin – für schöne Haut, kräftiges Haar und feste Fingernägel. Auch Kalium kommt hier nicht zu kurz. Es reguliert den Wasserhaushalt, die Nervenreizleitung und die Muskelkontraktion.

VOLLKORN-LACHS-SANDWICH MIT CREMIGEM GURKENQUARK UND ZARTEM SPINAT

Pro Portion: Kilokalorien: 324 kcal; Fett: 4 g; Protein: 26 g; Kohlenhydrate: 42 g; Ballaststoffe: 7 g

30 MIN.

Zutaten für 1 Portion

1 Mini-Salatgurke
½ kleine Zitrone
4 EL Magerquark
Salz
Pfeffer
1 kleine Handvoll junger Blattspinat
1 kleine Schalotte
1 Vollkorn-Baguettebrötchen (oder anderes Vollkornbrötchen)
40 g Räucherlachs (in Scheiben)

1. Gurke heiß abwaschen, trocken tupfen und längs halbieren. Die Kerne mit einem Teelöffel herauslösen. Gurke mit einer Kastenreibe fein reiben.
2. Gurkenraspel in ein sauberes Küchentuch geben und über einer Schüssel sehr kräftig ausdrücken. Flüssigkeit wegschütten.
3. Gurkenraspel in die Schüssel geben. Zitrone auspressen. Zitronensaft und Quark mit der Gurke vermengen. Salzen und pfeffern.
4. Den Spinat in kaltem Wasser mehrmals gründlich waschen und anschließend gut trocken schleudern.
5. Schalotte schälen und sehr fein hacken. Baguettebrötchen halbieren und 1 Hälfte mit dem Gurkenquark bestreichen.
6. Mit Spinatblättchen und Räucherlachs belegen, mit der gehackten Schalotte bestreuen. Die zweite Brötchenhälfte als Deckel darauflegen.

WARUM GESUND

Ein herzhaftes Frühstück, das es in sich hat: wertvolle Omega-3-Fettsäuren für Herz und Kreislauf, komplexe Kohlenhydrate für eine gute Sättigung, reichlich Ballaststoffe für einen stabilen Blutzucker und viel Magnesium für die Muskel- und Nervenfunktion.

NOCH SMARTER

Das Powerbrot zusätzlich mit ein paar Kräutern anrichten: Probieren Sie z. B. frischen Dill, der hervorragend zu Gurken und Lachs passt und die Verdauungssäfte sprudeln lässt.

AVOCADO-FRISCHKÄSE-BROT MIT MÖHRE, GURKE UND SPROSSEN

Pro Portion: Kilokalorien: 550 kcal; Fett: 36 g; Protein: 13 g; Kohlenhydrate: 41 g; Ballaststoffe: 15,5 g

15 MIN.

Zutaten für 1 Portion

1 kleine Möhre
½ Avocado
1 TL Zitronensaft
Salz
Pfeffer
2 Scheiben Dinkel-Vollkornbrot
1 EL Frischkäse (13 % Fett)
1 Mini-Salatgurke
1 kleine Handvoll Rote-Bete-Sprossen (oder andere Sprossen nach Belieben)

1. Möhre putzen, waschen, mit dem Sparschäler schälen und mit der Kastenreibe grob raspeln.
2. Avocado entsteinen, schälen und das Fruchtfleisch in einer Schüssel mit einer Gabel zerdrücken. Zitronensaft unter die Avocado mischen. Möhrenraspel, Salz und Pfeffer unterrühren.
3. Brotscheiben nach Belieben kurz anrösten und mit jeweils der Hälfte vom Frischkäse bestreichen.
4. Gurke waschen und mit dem Sparschäler schälen. In Scheiben schneiden und kreisförmig auf die Brotscheiben legen.
5. Avocadomischung darauf anrichten. Sprossen abspülen, trocken tupfen und die Brote damit garnieren.

WARUM GESUND

Das üppig belegte Brot liefert komplexe Kohlenhydrate, wichtige Ballaststoffe und eine kräftige Portion Vitamine. Die Avocado versorgt Sie zusätzlich mit hochwertigen, einfach ungesättigten Fettsäuren, die den Cholesterinspiegel günstig beeinflussen.

BEEREN-JOGHURT MIT-KERNE-MIX

Pro Portion: Kilokalorien: 165 kcal; Fett: 9 g; Protein: 7 g; Kohlenhydrate: 11 g; Ballaststoffe: 5,5 g

15 MIN.

Zutaten für 4 Portionen

½ Limette

300 g gemischte Beeren (z. B. Brombeeren, Himbeeren, Blaubeeren, Johannisbeeren)

1 kleine Vanilleschote

400 g Joghurt (1,5 % Fett)

2 EL Sonnenblumenkerne (30 g)

2 EL Kürbiskerne (30 g)

1. Die Limette heiß abspülen, trocken reiben, die Schale fein abreiben und die Limette auspressen.
2. Die Beeren verlesen, waschen und in eine Schüssel geben. 1 TL Limettenschale und 2 EL Limettensaft untermischen. Die Hälfte der Beeren in 4 Gläser geben.
3. Die Vanilleschote längs halbieren, das Mark herauskratzen, in einer Schüssel mit dem Joghurt verrühren und die Hälfte davon auf den Beeren verteilen.
4. Die restlichen Beeren mit dem restlichen Joghurt in ein hohes Gefäß geben und mit einem Stabmixer fein pürieren. Creme auf die Gläser verteilen.
5. Sonnenblumen- und Kürbiskerne in einer Pfanne ohne Fett leicht anrösten. Abkühlen lassen, über den Joghurt streuen und servieren.

WARUM GESUND

Der Kerne-Mix sorgt hier für den richtigen Biss und liefert reichlich Vitamin E. Das lässt das Blut leichter fließen und schützt unsere Zellen vor aggressiven Sauerstoffverbindungen. Auch Magnesium kommt hier nicht zu kurz – wichtig für den Energiestoffwechsel, die Reizübertragung bei Nerven und Muskeln und die Muskelkontraktion.

NOCH SMARTER

Der Joghurt lässt sich mit jeder Beerensorte zubereiten. Wenn es gerade keine frischen Beeren auf dem Markt gibt, können Sie auf tiefgefrorene zurückgreifen.

HAFERFLOCKEN-FRÜHSTÜCK MIT OBST UND FRISCHKÄSE

Pro Portion: Kilokalorien: 382 kcal; Fett: 14 g; Protein: 19 g; Kohlenhydrate: 44 g; Ballaststoffe: 6,8 g

75 MIN.

Zutaten für 4 Portionen

½ Zitrone
150 g zarte Haferflocken
30 g getrocknete Cranberrys
100 ml Apfelsaft
50 g Walnusskerne
300 g körniger Frischkäse (13 % Fett)
150 g Joghurt (0,3 % Fett)
etwas Zimt
2 Birnen

1. Zitrone auspressen. Haferflocken, Cranberrys, Apfelsaft und 2 EL Zitronensaft in einer Schüssel mischen und etwa 1 Stunde einweichen lassen.
2. Walnüsse grob hacken und in einer Pfanne ohne Fett leicht rösten. Nüsse auf einen Teller schütten und abkühlen lassen.
3. Frischkäse und Joghurt mit etwas Zimt nach Geschmack in einer Schüssel verrühren.
4. Birnen waschen und trocken reiben. Fruchtfleisch in Scheiben vom Kerngehäuse schneiden und anschließend in feine Stifte schneiden.
5. Alle Zutaten miteinander vermischen und in Schüsseln angerichtet servieren. Man kann das Müsli je nach Jahreszeit auch mit Beeren, Bananen oder tropischen Früchten verfeinern und nach Belieben mit Minze garnieren.

NOCH SMARTER

Möchten Sie mehr Biss im Frühstück haben, dann nehmen Sie großblättrige Haferflocken und verzichten darauf, das Getreide einzuweichen. Und noch mehr Gutes für Ihre Blase erreichen Sie, wenn Sie den Apfelsaft durch Cranberrysaft ersetzen. Er wirkt als natürliches Antibiotikum und macht schädlichen Bakterien das Leben schwer.

ZUCCHINI-KRÄUTER-QUARK AUF VOLLKORNBROT

Pro Portion: Kilokalorien: 165 kcal; Fett: 4 g; Protein: 9 g; Kohlenhydrate: 21 g; Ballaststoffe: 5,5 g

25 MIN.

Zutaten für 4 Portionen

- 2 EL Pinienkerne
- 100 g Magerquark
- 2 EL kohlensäurehaltiges Mineralwasser
- 1 Zucchini (ca. 200 g)
- 4 Stiele Petersilie
- 2 Stiele Minze
- Salz
- Pfeffer
- 4 Scheiben dunkles Vollkornbrot

1. Pinienkerne in einer Pfanne ohne Fett goldbraun rösten. Auf einen Teller geben und abkühlen lassen.
2. Inzwischen Quark und Mineralwasser in einer Schüssel mit einer Gabel glatt rühren.
3. Zucchini waschen, mit Küchenpapier trocken reiben, putzen und in feine Stifte schneiden. Unter den Quark mischen.
4. Petersilie und Minze waschen, trocken schütteln, die Blätter abzupfen und fein hacken. Ebenfalls zum Quark geben.
5. Abgekühlte Pinienkerne fein hacken und in die Quarkmischung rühren. Alles gut mischen und mit Salz und Pfeffer würzen.
6. Zucchini-Kräuter-Quark auf den Vollkornbroten verteilen und sofort servieren.

WARUM GESUND

Supergesund und richtig lecker: Der magere Quark mit Zucchini und Kräutern liefert reichlich Eiweiß und Vitamine, durch die Pinienkerne erhält die Mischung herzhafte Röstaromen und lebenswichtige ungesättigte Fettsäuren. Die perfekte Ergänzung zum Sattwerden bildet dabei das dunkle Vollkornbrot.

SCHAUMOMELETT MIT BLATTSPINAT UND SPROSSEN

Pro Portion: Kilokalorien: 310 kcal; Fett: 21 g; Protein: 22 g; Kohlenhydrate: 6 g; Ballaststoffe: 10 g

15 MIN.

Zutaten für 2 Portionen

1 Fenchelknolle (ca. 250 g)
1 ½ EL Keimöl
Salz
150 g Blattspinat (tiefgekühlt)
4 Eier
1 Möhre (ca. 100 g)
Pfeffer
40 g Sprossen (z. B. Radieschensprossen)

1. Fenchel waschen, putzen, halbieren und in schmale Spalten schneiden.
2. ½ EL Öl in einem Topf erhitzen. Fenchel hineingeben, leicht salzen und zugedeckt bei geringer Hitze etwa 2 Minuten dünsten.
3. Blattspinat zum Fenchel geben und zugedeckt bei geringer Hitze etwa 5 Minuten mitdünsten.
4. Inzwischen die Eier und etwas Salz in eine Rührschüssel geben und mit den Quirlen des Handmixers aufschlagen.
5. Restliches Öl in einer beschichteten Pfanne (26 cm Ø) erhitzen, Eiermasse hineingeben und zugedeckt bei geringer Hitze etwa 7 Minuten stocken lassen.
6. Während die Eier stocken, die Möhre schälen, putzen, auf dem Gemüsehobel in feine Streifen schneiden und zum Spinatgemüse in den Topf geben. Mit Salz und Pfeffer würzen und etwa 3 Minuten weiterdünsten.
7. Sprossen in ein Sieb geben, mit heißem Wasser abspülen und abtropfen lassen.
8. Omelett auf eine Platte gleiten lassen, Spinatgemüse und Sprossen darauf anrichten. In 2 Hälften teilen und sofort servieren.

NOCH SMARTER

Hübsch und praktisch: Backen Sie zwei kleine statt eines großen Omeletts und geben jeweils die Hälfte der Gemüsemischung darauf.

WARUM GESUND

Der Klassiker aus der französischen Küche hat es nicht nur auf, sondern vor allem in sich: Das luftige Omelett strotzt nur so vor Vitaminen, Mineralstoffen und Spurenelementen. Besonders reichlich steckt Vitamin E darin, das die Zellen vor freien Radikalen schützt.

KRÄUTER-RÜHREI AUF TOMATEN-BAGUETTE

Pro Portion: Kilokalorien: 263 kcal; Fett: 11 g; Protein: 16 g; Kohlenhydrate: 23 g; Ballaststoffe: 4,5 g

15 MIN.

Zutaten für 2 Portionen

½ Bund Frühlingszwiebeln
3 Eier
3 EL Milch (1,5 % Fett)
2 EL gemischte Kräuter (tiefgekühlt)
Salz
Pfeffer
4 Scheiben Vollkorn-Baguette (dünn geschnitten)
2 Tomaten (ca. 160 g)

1. Frühlingszwiebeln putzen, waschen und in feine Ringe schneiden.
2. Eier, Milch, Kräuter und Frühlingszwiebeln in einer Schüssel mit einer Gabel verquirlen. Mit Salz und Pfeffer würzen.
3. Eimasse in eine beschichtete Pfanne gießen und bei geringer Hitze fest werden lassen (stocken), dabei mit einem Pfannenwender mehrfach vom Pfannenrand zur Mitte durch die Eimasse ziehen.
4. Die Baguettescheiben toasten.
5. Tomaten waschen, Stielansätze keilförmig herausschneiden.
6. 1 Tomate halbieren und mit den Schnittflächen jeweils eine Seite der Brotscheiben einreiben, gut andrücken, sodass sich die Brotscheibe vollsaugen kann, dann leicht salzen und pfeffern.
7. Die zweite Tomate in Spalten schneiden. Rührei mit den Tomatenspalten auf den Baguettescheiben anrichten.

NOCH SMARTER

Falls Sie das Rührei als Abendessen servieren, können Sie das Nährstoffkonto mit einem vitaminreichen Salat zusätzlich auffüllen (z. B. Feldsalat mit Radieschenscheiben oder Möhrenstiften mit einem Dressing aus weißem Balsamico, Honig und Olivenöl).

WARUM GESUND

Ob deftiges Frühstück oder leichtes Abendessen: Frisch aus der Pfanne serviert, schmeckt das Eiergericht am besten und durch das schonende Garen werden die enthaltenen Vitamine geschont, allen voran Vitamin A und D. Vitamin A wirkt beim Aufbau des Sehpurpurs mit, ein Mangel kann zur sogenannten Nachtblindheit führen.

ARTISCHOCKEN-TORTILLA MIT TOMATEN UND SCHAFSKÄSE

Pro Portion: Kilokalorien: 246 kcal; Fett: 14 g; Protein: 21 g; Kohlenhydrate: 8 g; Ballaststoffe: 12,5 g

25 MIN.

Zutaten für 2 Portionen

- 220 g Artischockenherzen (Dose, Abtropfgewicht)
- 1 Zwiebel
- 1 Knoblauchzehe
- 100 g Kirschtomaten
- 3 Eier
- 6 EL Milch (1,5 % Fett)
- Salz
- Pfeffer
- ½ TL Tomatenmark
- 1 TL Olivenöl
- 50 g milder Schafskäse (9 % Fett)

1. Artischockenherzen in ein Sieb geben, gut abtropfen lassen und halbieren.
2. Zwiebel und Knoblauch schälen und in feine Würfel schneiden.
3. Tomaten waschen und halbieren.
4. Eier, Milch, Salz, Pfeffer und Tomatenmark in einer Schüssel verquirlen.
5. Öl in einer beschichteten Pfanne erhitzen. Zwiebel und Knoblauch darin bei mittlerer Hitze andünsten. Artischocken zugeben und leicht anbraten.
6. Temperatur reduzieren. Tomaten zugeben und verquirltes Ei darübergießen. Eimasse zugedeckt bei geringer Hitze 6–8 Minuten stocken lassen.
7. Inzwischen Schafskäse in kleine Würfel schneiden. Tortilla mit einem Pfannenwender vorsichtig wenden, Schafskäsewürfel darüberstreuen und kurz anschmelzen lassen. Tortilla in Stücke teilen. Nach Belieben z. B. mit dunklem Bauernbrot anrichten.

WARUM GESUND

Artischocken sind die Stars unter den leichten Zutaten: Sie sind reich an Ballaststoffen, ihre Vitalstoffe senken die Blutfettwerte und kurbeln die Verdauung an. Die Eier steuern hochwertiges Eiweiß, Biotin und knochenstärkendes Vitamin D bei – und sie decken den Tagesbedarf an Vitamin B12.

HAUPTGERICHTE MIT FISCH

SPAGHETTI MIT GEMÜSE UND LACHS IN ZITRONENSAUCE

Pro Portion: Kilokalorien: 541 kcal; Fett: 26 g; Protein: 28 g; Kohlenhydrate: 46 g; Ballaststoffe: 13,5 g

35 MIN.

Zutaten für 2 Portionen

150 g Lachsfilet (ohne Haut)
1 dünne Stange Lauch (ca. 200 g)
4 Möhren (ca. 400 g)
½ Bio-Zitrone
2 Stiele Petersilie
100 g Vollkorn-Spaghetti
Salz
2 EL Olivenöl
Pfeffer
100 ml Fischfond
150 ml Sojacreme

1. Lachs waschen, trocken tupfen und in 2 cm große Würfel schneiden.
2. Lauch putzen, gut waschen und quer in dünne Ringe schneiden. Möhren putzen, schälen und in dünne Streifen schneiden.
3. Zitrone heiß abspülen und trocken reiben. Zitronenschale dünn abschälen und in sehr feine Streifen schneiden. Zitronensaft auspressen. Petersilie waschen, trocken schütteln, Blätter abzupfen und fein hacken.
4. Nudeln nach Packungsanleitung in einem Topf mit Salzwasser bissfest garen.
5. Das Öl in einer Pfanne erhitzen. Lachs mit Pfeffer würzen und rundherum im heißen Öl 3–4 Minuten braten.
6. Lachs herausnehmen, Lauchringe und Möhrenstreifen in der Pfanne bei mittlerer Hitze unter Rühren 3–4 Minuten dünsten.
7. Fischfond, Sojacreme, Zitronenschale und 1–2 EL Zitronensaft in die Pfanne geben und bei mittlerer Hitze 2–3 Minuten kochen.
8. Lachs eventuell salzen, wieder in die Pfanne geben und kurz erwärmen. Petersilie untermischen.
9. Nudeln in einem Sieb abgießen und vorsichtig mit der Sauce mischen. Mit Salz und Pfeffer würzen und die Spaghetti mit Lachs sofort servieren.

NOCH SMARTER

Sie können auch tiefgefrorenes Lachsfilet verwenden. Lassen Sie es kurz antauen, bevor Sie die Würfel schneiden – so geht's am besten.

WARUM GESUND

Fisch liefert den Fatburner Methionin, eine essenzielle Aminosäure, die auch als Antidepressivum wirkt. Er enthält außerdem Jod, das die für die Fettverbrennung mitverantwortliche Schilddrüse aktiviert. Und seine Omega-3-Fettsäuren beeinflussen die Cholesterin- sowie Blutfettwerte positiv.

MEERESFRÜCHTESALAT MIT TOMATEN UND OLIVEN

Pro Portion: Kilokalorien: 423 kcal; Fett: 24 g; Protein: 32 g; Kohlenhydrate: 16 g; Ballaststoffe: 7 g

30 MIN.

Zutaten für 2 Portionen

100 g Garnelen (küchenfertig)
200 g Tintenfischtuben (küchenfertig, aus der Tiefkühltruhe, aufgetaut)
1 Knoblauchzehe
2 Zwiebeln
2 Stangen Staudensellerie
1 gelbe Paprikaschote
100 g Kirschtomaten
1 Limette
1 Bund Basilikum
4 EL Olivenöl
50 ml Fischfond
2 EL Weißweinessig
Salz
Pfeffer
8 kleine grüne Oliven (ohne Stein)

1. Garnelen an den Oberseiten mit einem Messer leicht einritzen und die schwarzen Darmfäden entfernen. Garnelen abspülen und trocken tupfen.
2. Tintenfischtuben in ein Sieb geben, abspülen, trocken tupfen und quer in Ringe schneiden.
3. Knoblauch und Zwiebeln schälen und fein würfeln.
4. Staudensellerie putzen, waschen, gegebenenfalls entfädeln und in dünne Scheiben schneiden. Paprikaschote halbieren, entkernen, waschen und in schmale Streifen schneiden.
5. Tomaten waschen und halbieren. Die Limette halbieren und auspressen.
6. Basilikum waschen, trocken schütteln, Blätter abzupfen und mit einem großen Messer hacken.
7. In einer beschichteten Pfanne 1 EL Olivenöl erhitzen. Tintenfischringe und Garnelen darin unter Rühren bei mittlerer Hitze 2 Minuten anbraten.
8. Zwiebel- und Knoblauchwürfel zugeben und 1 Minute mitbraten.
9. Fischfond und Weißweinessig in die Pfanne geben und unterrühren. Salzen, pfeffern und die Flüssigkeit auf die Hälfte einkochen lassen. Alles in eine Salatschüssel geben und etwas abkühlen lassen.
10. Inzwischen 1 EL Öl In die heiße Pfanne gießen. Sellerie- und Paprikastücke darin unter Rühren 1–2 Minuten andünsten. Etwas abkühlen lassen. Währenddessen die Oliven fein hacken. Das abgekühlte Gemüse zu den Meeresfrüchten geben.

11. In einer kleinen Schüssel Limettensaft, 3 EL Wasser, Salz, Pfeffer und übriges Öl zu einem Dressing verquirlen. Mit Tomaten und Oliven unter die Meeresfrüchtemischung heben. Mit Basilikum bestreuen und den fertigen Meeresfrüchtesalat servieren.

WARUM GESUND

Für einen kräftigen Vitamin-Kick ist hier bestens gesorgt: Eine Portion des feinen Meeresfrüchtesalats deckt locker den Tagesbedarf an Vitamin C und fast zweifach den an Vitamin B12. Zusammen mit den Fettsäuren im Olivenöl hilft Letzteres dabei, Herz und Kreislauf in Schwung zu halten: Es entschärft nämlich die potenziell schädliche Aminosäure Homocystein.

NOCH SMARTER

Meeresfrüchtesalat – der Edelsalat unter den Salaten – kommt auch bei Gästen garantiert gut an! Er lässt sich in größeren Mengen problemlos für das Essen mit Freunden oder ein Partybüfett vorbereiten. Etwas Vollkorn-Baguette dazu vollendet das kulinarische Vergnügen und sättigt noch nachhaltiger.

AVOCADO-TOMATEN-SALAT MIT GERÄUCHERTEM HEILBUTT

Pro Portion: Kilokalorien: 413 kcal; Fett: 27 g; Protein: 19 g; Kohlenhydrate: 21 g; Ballaststoffe: 7 g

20 MIN.

Zutaten für 2 Portionen

2 Scheiben Pumpernickel
2 große Tomaten
1 reife Avocado (ca. 200 g)
Meersalz
Pfeffer
125 g geräucherter Heilbutt
1 kleine Zitrone
1 EL Dijonsenf (nach Belieben körnig oder fein)
2 EL Olivenöl
2 EL Apfelsaft
1 EL weißer Balsamessig
1 Beet Gartenkresse

1. Pumpernickel mit den Händen fein zerbröseln. In einer Pfanne ohne Fett bei mittlerer Hitze in 3–4 Minuten knusprig rösten. Auf einem Teller abkühlen lassen.
2. Die Tomaten waschen, abtropfen lassen. Die Stielansätze keilförmig herausschneiden und das Fruchtfleisch in Scheiben schneiden.
3. Avocado halbieren, den Stein mit einem Messer herausheben. Das Fruchtfleisch aus der Schale lösen, in Scheiben schneiden und mit den Tomatenscheiben in einer flachen Schale anrichten. Mit Meersalz und Pfeffer würzen.
4. Heilbutt häuten, mit den Händen in mundgerechte Stückchen zerteilen, Gräten entfernen. Die Fischstücke über dem Gemüse verteilen.
5. Zitrone auspressen und den Saft mit Senf, Öl, Apfelsaft und Essig zu einer glatten Sauce verrühren.
6. Sauce gleichmäßig über die vorbereiteten Zutaten träufeln. Kresse mit der Küchenschere vom Beet schneiden. Kresse und Pumpernickelbrösel über den Salat streuen und servieren.

NOCH SMARTER

Wer keinen Pumpernickel im Haus hat, kann auch getoastetes Vollkornbrot verwenden.

WARUM GESUND

Fett ist Fett und eher ungünstig? Falsch: Liefert es wie bei Avocado und etwas fetterem Seefisch die wertvollen ungesättigten Fettsäuren, ist es sogar ausgesprochen gut für den Körper. Kommen dann noch – wie hier – viele Vitamine, Mineralstoffe und Jod hinzu, dann kann man nur grünes Licht geben!

ROTBARBEN IN GEMÜSESUPPE MIT SAFRAN UND FENCHEL

Pro Portion: Kilokalorien: 258 kcal; Fett: 7 g; Protein: 33 g; Kohlenhydrate: 13 g; Ballaststoffe: 12 g

25 MIN.

Zutaten für 2 Portionen

1 gelbe Paprikaschote (ca. 200 g)

1 Zucchini (ca. 200 g)

1 Fenchelknolle (ca. 250 g)

2 mittelgroße Tomaten (à 75 g)

2 Knoblauchzehen

1 EL Olivenöl

1 Msp. Safranfäden

500 ml Gemüsebrühe

250 g Rotbarbenfilet

Salz

Pfeffer

2 Frühlingszwiebeln

2 Stiele Basilikum

1. Paprikaschote, Zucchini und Fenchel waschen, putzen und in etwa 1 cm große Würfel schneiden. Tomaten waschen, vierteln und entkernen. Knoblauch schälen und durch die Presse drücken.
2. Öl in einem Topf erhitzen. Paprika-, Zucchini-, Fenchelwürfel und Knoblauch hineingeben und 2 Minuten andünsten. Mit Safran bestreuen und die Brühe angießen. Tomaten zufügen, alles aufkochen und 10 Minuten kochen lassen.
3. Den Fisch abspülen, trocken tupfen, leicht salzen und pfeffern. In den Topf geben. Hitze reduzieren und Fisch zugedeckt noch 5 Minuten sanft ziehen lassen.
4. Frühlingszwiebeln waschen, putzen und in feine Ringe schneiden. Basilikum waschen, trocken schütteln und Blätter abzupfen.
5. Suppe mit Zwiebelringen und Basilikum bestreuen und servieren.

NOCH SMARTER

Die Suppe nicht länger als eben nötig auf dem Herd lassen und lieber nicht warm halten, sonst zerfallen die zarten Fischfilets und die kostbaren Aromen verfliegen.

WARUM GESUND

Selbst ein »Suppenkasper« löffelt so ein leichtes Süppchen aus, denn die ätherischen Öle im Fenchel wirken appetitanregend und besänftigen einen gereizten Magen zuverlässig. Weitere Pluspunkte sind eine dicke Portion Eiweiß, Vitamine und Mineralstoffe bei geringem Fettgehalt.

KOREANISCHER PFANNENKUCHEN MIT MÖHRE UND PAK CHOI

Pro Portion: Kilokalorien: 418 kcal; Fett: 22 g; Protein: 19 g; Kohlenhydrate: 37 g; Ballaststoffe: 11,5 g

30 MIN.

Zutaten für 2 Portionen

2 EL ungeschälter Sesam
1 getrocknete Chilischote
4 EL Sojasauce
75 g Weizenvollkornmehl
1 Prise Salz
1 Ei
1 Bund Frühlingszwiebeln
2 kleine Möhren (ca. 100 g)
1 Baby-Pak-Choi (ca. 175 g)
2 EL Sesamöl
50 g Tiefseegarnelen (küchenfertig)

NOCH SMARTER

Ihrer Fantasie sind keine Grenzen gesetzt: Variieren Sie das Gericht z. B. mit Vitamin-C-reichen Paprikastreifen oder Vitamin-B1-haltigen Zucchinischeiben. Oder wählen Sie statt Garnelen Muschelfleisch, auch das liefert Spurenelemente.

1. Sesam und Chilischote in einem Mörser zerstoßen (nicht zerreiben).
2. Sesam-Chili in einer kleinen Schüssel mit 3 EL Sojasauce und ca. 1 EL Wasser mischen. Bis zur Verwendung bei Zimmertemperatur stehen lassen.
3. Mehl und 125 ml Wasser mit Salz verrühren, bis sich die Zutaten verbinden.
4. Ei in einer Schüssel verquirlen und unter die Mehlmischung rühren. Den Teig 10 Minuten ruhen lassen.
5. Inzwischen Frühlingszwiebeln putzen, der Länge nach halbieren und waschen. Anschließend in etwa 3 cm lange Stücke schneiden. Möhren putzen, schälen und in sehr feine Streifen schneiden.
6. Pak Choi putzen, waschen und in feine Streifen schneiden.
7. Öl in einer beschichteten Pfanne (24 cm Ø) erhitzen und das Gemüse darin unter Rühren 2 Minuten hellbraun braten. Mit der restlichen Sojasauce ablöschen.
8. Tiefseegarnelen in die Pfanne geben.
9. Den Teig über die Zutaten in der Pfanne gießen und einige Minuten bei geringer bis mittlerer Hitze braten, bis die Unterseite goldbraun gebacken ist.
10. Pfannkuchen wenden und weitere 2 Minuten braten. In Stücke schneiden und mit dem beiseitegestellten Sesam-Chili-Dip servieren.

WARUM GESUND

Der köstliche Asia-Pfannkuchen hat es in sich: Eier bringen Provitamin A ins Spiel, das Gemüse liefert Vitamine und Ballaststoffe, Garnelen sorgen für Eiweiß und Jod – das tut der Schilddrüse gut. Besonders reich ist das Gericht auch an Folsäure, die vor allem für Schwangere und Stillende Bedeutung hat.

SEETEUFEL AUF GESCHMORTEM PAPRIKAGEMÜSE

Pro Portion: Kilokalorien: 430 kcal; Fett: 33 g; Protein: 22 g; Kohlenhydrate: 9 g; Ballaststoffe: 9 g

60 MIN.

Zutaten für 4 Portionen

2 Zwiebeln
2 Knoblauchzehen
8 Spitzpaprika (ca. 800 g)
4 EL Olivenöl
Salz
Pfeffer
100 ml Cranberrysaft
100 ml Gemüsebrühe
425 g stückige Tomaten (Dose)
1 EL Koriandersamen
1 TL schwarze Pfefferkörner
600 g Seeteufelfilet
40 g Kapern (Glas)
50 g grüne Oliven (ohne Stein)
3 Stiele Basilikum

1. Zwiebeln und Knoblauch schälen und fein hacken.
2. Die Paprikaschoten der Länge nach halbieren, entkernen, waschen und in Streifen schneiden.
3. ⅔ des Öls in einem verschließbaren Bräter erhitzen. Zwiebeln und Knoblauch darin bei mittlerer Hitze in 3–4 Minuten glasig dünsten.
4. Paprikastreifen dazugeben und 3–4 Minuten weiterdünsten.
5. Mit Salz und Pfeffer würzen, mit dem Cranberrysaft ablöschen.
6. Gemüsebrühe und Tomaten dazugeben und alles zugedeckt bei mittlerer Hitze 15 Minuten schmoren.
7. Inzwischen Koriandersamen und Pfefferkörner im Mörser zerdrücken.
8. Seeteufelfilet waschen, trocken tupfen und in Stücke von etwa 50 g schneiden. Mit den zerdrückten Gewürzen bestreuen.
9. Restliches Öl in einer schweren Pfanne erhitzen und die Seeteufelstücke bei sehr starker Hitze rundherum kurz scharf anbraten.
10. Kapern und Oliven in den Bräter zum Gemüse geben und alles mit Salz und Pfeffer abschmecken.
11. Die Fischstücke auf das Gemüse legen, evtuell noch etwas salzen und das Ganze weitere 7–8 Minuten zugedeckt schmoren.
12. Basilikum waschen, trocken schütteln, Blätter abzupfen und grob zerreißen. Vor dem Servieren über den Fisch streuen.

NOCH SMARTER

Seeteufel zählt wegen seines festen, aromatischen Fleisches zu den edelsten und teuersten Fischen. Achten Sie deshalb genau auf die Garzeit. Wird sie überschritten, ist die Delikatesse hart und zäh – das haben weder Sie noch der feine Fisch verdient.

WARUM GESUND

In diesem Gericht steckt alles, was die mediterrane Küche so gesund macht: leicht verdauliches Eiweiß, ungesättigte Fettsäuren, Ballaststoffe, sekundäre Pflanzenstoffe und Vitamine A, D, E und C. Diese Kombination wirkt sich positiv aus auf Darm, Augen, Knochen, Herz, Gefäße und senkt einen erhöhten Cholesterinspiegel.

STEINBEISSERFILET AUF JAPANISCHE ART MIT GEMÜSE-JULIENNE, INGWER UND CHILI

Pro Portion: Kilokalorien: 374 kcal; Fett: 15 g; Protein: 40 g; Kohlenhydrate: 17 g; Ballaststoffe: 12,5 g

30 MIN.

Zutaten für 2 Portionen

2 Möhren
1 gelbe Paprikaschote
50 g Zuckerschoten
200 g Spitzkohl
1 mittelgroße Zwiebel
1 Stück frischer Ingwer (ca. 20 g)
1 rote Chilischote
½ Limette
1 TL Sesamöl
1 EL Reisessig
1 EL Sojasauce
1 TL Honig
2 Steinbeißerfilets (à ca. 160 g)
Salz
2 EL ungeschälter Sesam
2 EL Öl

1. Möhren, Paprika, Zuckerschoten, Spitzkohl und Zwiebel putzen, wenn notwendig schälen, waschen und in sehr feine Streifen schneiden.
2. Ingwer schälen und in sehr feine Scheiben schneiden. Chilischote waschen und in Scheiben schneiden (wer es weniger scharf mag, halbiert sie und entfernt die Kerne). Limette auspressen.
3. Sesamöl, 1 EL Limettensaft, Essig, Sojasauce und Honig mit ca. 2 EL Wasser in einer Schüssel zu einer Sauce (Vinaigrette) verquirlen und beiseitestellen.
4. Fischfilets abspülen, trocken tupfen und leicht salzen, jeweils auf einer Seite mit Sesam bestreuen und die Körner etwas andrücken.
5. Die Hälfte des Öls in einer beschichteten Pfanne erhitzen, Filets darin auf der mit Sesam bestreuten Seite 1–2 Minuten braten, vorsichtig wenden, weitere 1–2 Minuten braten, herausnehmen und auf einem Teller beiseitestellen.
6. Pfanne mit Küchenpapier auswischen, restliches Öl hineingeben und erhitzen. Gemüse, Chili und Ingwer darin bei sehr starker Hitze unter Wenden 2 Minuten anbraten.
7. Fisch mit der sesambestreuten Seite nach oben auf das Gemüse legen.
8. 3 EL Wasser angießen. Bei mittlerer Hitze weitere 4–5 Minuten zugedeckt dünsten, gegebenenfalls noch etwas Wasser dazugeben. Gemüse und Fisch auf Tellern anrichten, Sesam-Limetten-Vinaigrette darüberträufeln.

WARUM GESUND

Besser geht es nicht: Dieses leichte Fischgericht liefert neben wertvollem Eiweiß und den für das Wohlbefinden wichtigen ungesättigten Fettsäuren fast alle Vitamine und strotzt nur so vor Mineralstoffen. Mit etwa 12 Gramm Ballaststoffen pro Portion ist es ein Sattmacher der luxuriösen Art.

DORADENFILETS MIT ARTISCHOCKENSALAT, TOMATEN UND SCHWARZEN OLIVEN

Pro Portion: Kilokalorien: 429 kcal; Fett: 20 g Protein: 47 g; Kohlenhydrate: 12 g; Ballaststoffe: 15,5 g

45 MIN.

Zutaten für 2 Portionen

425 g Artischockenherzen (Dose, Abtropfgewicht)
1 kleine rote Zwiebel
2 kleine Tomaten
2 Stiele Basilikum
10 schwarze Oliven (ohne Stein)
1 Orange
3 EL Olivenöl
1 EL Rotweinessig
Salz
Pfeffer
4 Doradenfilets (à 100 g, mit Haut, geschuppt)
2 Knoblauchzehen
2 Zweige Rosmarin

1. Die Artischockenherzen in einem Sieb abtropfen lassen und anschließend halbieren. Zwiebel schälen und in feine Streifen schneiden.
2. Die Tomaten waschen, vierteln, entkernen und grob würfeln. Basilikum waschen und trocken schütteln. Blätter abzupfen und fein schneiden. Oliven grob hacken.
3. Orange so schälen, dass dabei alles Weiße entfernt wird. Die Fruchtfilets zwischen den Trennhäuten herausschneiden.
4. Alles in einer Schüssel mit 2 EL Olivenöl, Rotweinessig, Salz und Pfeffer mischen. 30 Minuten ziehen lassen (marinieren).
5. Die Doradenfilets abspülen, trocken tupfen, salzen und pfeffern. Knoblauchzehen schälen. Rosmarin waschen und trocken schütteln.
6. Restliches Öl in einer Grillpfanne erhitzen. Fisch darin mit Knoblauch und Rosmarin von jeder Seite 2 Minuten braten. Mit dem Artischockensalat anrichten und servieren. Dazu nach Belieben Röstkartoffeln reichen.

NOCH SMARTER

Sie wollen Fett sparen? Dann ersetzen Sie die schwarzen durch grüne Oliven und essen als Beilage Ciabatta statt der empfohlenen Röstkartoffeln!

WARUM GESUND

Reichlich wertvolles Fischprotein und eine gute Portion Ballaststoffe, dabei wenig schnelle Kohlenhydrate: Das ergibt ein leichtes Festessen für Fans der Low-Carb-Küche.

GRÜNES FISCH-CURRY MIT TILAPIA, ROMANESCO UND KOKOSMILCH

Pro Portion: Kilokalorien: 359 kcal; Fett: 16 g; Protein: 41 g; Kohlenhydrate: 11 g; Ballaststoffe: 9,5 g

50 MIN.

Zutaten für 2 Portionen

1 kleine rote Zwiebel
2 Knoblauchzehen
1 Stange Zitronengras
2 EL Öl
2 TL grüne Currypaste
100 ml Kokosmilch (9 % Fett)
100 ml Kokoswasser
100 ml Fischfond
1 kleiner Romanesco
Salz
8 gelbe Kirschtomaten
1 kleine gelbe Paprikaschote
2 EL Thai-Fischsauce
300 g Tilapiafilet
Pfeffer
4 Stiele Koriander

1. Zwiebel und Knoblauch schälen und fein hacken. Zitronengras waschen und in Scheiben schneiden.
2. 1 EL Öl in einem Topf erhitzen. Zwiebel, Knoblauch und Zitronengras darin 3–4 Minuten andünsten.
3. Currypaste dazugeben und alles weitere 3 Minuten unter Rühren dünsten.
4. Kokosmilch, Kokoswasser und Fischfond angießen, zum Kochen bringen und bei geringer Hitze 20 Minuten garen.
5. Mischung durch ein Sieb abgießen, dabei Flüssigkeit auffangen und beiseitestellen.
6. Inzwischen Romanesco putzen und in kleine Röschen teilen. In einem Topf mit kochendem Salzwasser 4 Minuten garen, kalt abschrecken und abtropfen lassen.
7. Tomaten waschen. Paprikaschote vierteln, putzen, waschen und in 1 cm große Stücke schneiden.
8. Das restliche Öl in einem flachen Topf oder Wok erhitzen. Paprikawürfel darin 3 Minuten anbraten.
9. Romanesco und Tomaten dazugeben.
10. Die beiseitegestellte Sauce zum Gemüse geben und erneut aufkochen, Fischsauce einrühren und alles weitere 3 Minuten kochen.

11. Fisch waschen, trocken tupfen und in große Stücke teilen. Mit Salz und Pfeffer würzen. Fisch auf das Curry legen und zugedeckt bei geringer Hitze 7–8 Minuten ziehen lassen.
12. Koriander waschen, trocken schütteln und die Blätter hacken. Fisch-Curry mit Koriander bestreut servieren.

WARUM GESUND

Das ist ein rundum gesundes Gericht. Das liegt am leicht verdaulichen Fischeiweiß, das unter anderem beim Knochenaufbau unentbehrlich ist, und an den für den Darm so anregenden Ballaststoffen aus dem Gemüse. Zudem an den Vitaminen und Mineralstoffen, die beide sozusagen nebenbei mitliefern.

NOCH SMARTER

Tilapia ist ein ursprünglich afrikanischer Barsch, der heute aus Süßwasserfarmen kommt. Wer die Jodzufuhr für sich stärken will, wählt stattdessen Seefisch wie Kabeljau, Seelachs oder Rotbarsch. So oder so: Die Bezeichnung »Curry« für einen solchen Mix aus Gemüse und Fisch (oder Fleisch) hat sich von Indien aus in die globale Küchensprache eingeschlichen.

KREOLISCHER LANGUSTEN-EINTOPF MIT OKRA, SPINAT UND KOKOS

Pro Portion: Kilokalorien: 280 kcal; Fett: 11 g; Protein: 25 g; Kohlenhydrate: 18 g; Ballaststoffe: 9 g

60 MIN.

Zutaten für 4 Portionen

4 Zwiebeln (ca. 150 g)
2 kleine Knoblauchzehen
1 rote Paprikaschote
200 g Okraschoten
250 g Spinat
4 festkochende Kartoffeln (ca. 250 g)
2 EL Olivenöl
1 ¼ l Geflügelbrühe
200 ml Kokosmilch (9 % Fett)
3 Zweige Thymian
2 Langustenschwänze (à ca. 250 g; frisch oder aufgetaut)
1 Bund Frühlingszwiebeln
2 rote Chilischoten
½ Limette
Salz
Pfeffer

1. Zwiebeln und Knoblauch schälen und fein würfeln. Paprikaschote halbieren, entkernen, waschen und fein würfeln.
2. Okraschoten waschen und putzen.
3. Spinat putzen, gründlich in kaltem Wasser waschen, anschließend gut abtropfen lassen. Spinat grob hacken. Kartoffeln schälen, waschen und vierteln.
4. Das Öl in einem Topf erhitzen. Zwiebeln und Knoblauch darin bei mittlerer Hitze 3 Minuten andünsten. Paprika, Okraschoten und Kartoffeln dazugeben, unter Rühren ebenfalls kurz andünsten.
5. Brühe und Kokosmilch angießen. Thymian waschen, trocken schütteln und dazugeben. Die Suppe aufkochen und bei geringer Hitze etwa 25 Minuten köcheln lassen.
6. Inzwischen die Langustenschwänze an den Unterseiten mit einer stabilen Küchenschere aufschneiden, die Panzer mit den Händen auseinanderbrechen, das Fleisch auslösen und in kleine Stücke schneiden.
7. Frühlingszwiebeln putzen, waschen und abtropfen lassen. Dann schräg in feine Ringe schneiden. Chilischoten waschen, trocken reiben, längs aufschneiden, entkernen und hacken.
8. Nach etwa 25 Minuten Frühlingszwiebeln, Chili, Langustenfleisch und Spinat zur Suppe geben. Die Suppe erneut aufkochen und weitere 10 Minuten garen.
9. Die Limette auspressen. Suppe mit Salz, Pfeffer und Limettensaft nach Belieben abschmecken.

WARUM GESUND

Spinat ist eine prima Quelle für Folsäure, Okraschoten haben das für die Zellteilung wichtige Vitamin ebenfalls im Angebot. Folsäure spielt unter anderem eine entscheidende Rolle für die Entwicklung des menschlichen Fötus, besonders bei der Ausbildung des Zentralnervensystems, deshalb haben Schwangere einen erhöhten Bedarf – und sind mit diesem Eintopf gut bedient.

NOCH SMARTER

Frische Okraschoten haben eine schöne grüne Farbe. Alternativ können Sie auch welche aus dem Glas oder der Dose verwenden. Falls Sie keine Langustenschwänze bekommen, sind Garnelen ein guter Ersatz.

SCHOLLENFILETS AUS DEM OFEN AUF ESTRAGON-SPINAT

Pro Portion: Kilokalorien: 430 kcal; Fett: 11 g; Protein: 38 g; Kohlenhydrate: 41 g; Ballaststoffe: 10,6 g

40 MIN.

Zutaten für 4 Portionen

300 g Kirschtomaten
150 g junger Blattspinat
1 Bio-Zitrone
1 Bund Estragon
4 Schollenfilets (à ca. 140 g, ohne Haut)
Salz
Pfeffer
300 ml Fischfond
50 ml Kochsahne
2 EL Rapsöl
250 g vorgegarte Weizenkörner

1. Backofen auf 200 °C Ober-/Unterhitze (Umluft: 180 °C, Gas Stufe 3) vorheizen.
2. Kirschtomaten waschen und halbieren. Spinat putzen, waschen und trocken schleudern.
3. Zitrone heiß abwaschen, trocken reiben und in dünne Scheiben schneiden.
4. Estragon waschen, trocken schütteln, die Blätter abzupfen und grob hacken.
5. Schollenfilets waschen, mit Küchenpapier trocken tupfen, in etwa 5 cm große Stücke schneiden und von allen Seiten mit Salz und Pfeffer würzen.
6. Spinat, Tomaten, Fischfond, Kochsahne und Estragon in eine Auflaufform geben, mischen und mit Salz und Pfeffer würzen.
7. Fischstücke und Zitronenscheiben darauf verteilen und mit Rapsöl beträufeln. Gemüse und Fisch im vorgeheizten Backofen 15–20 Minuten garen.
8. Inzwischen die Weizenkörner nach Packungsanleitung in einem Topf mit reichlich kochendem Salzwasser 10 Minuten garen. Weizen in einem Sieb abtropfen lassen und mit Schollenfilets und Gemüse anrichten.

NOCH SMARTER

Noch schneller geht's, wenn Sie tiefgekühlten Blattspinat verwenden. Am besten bei Zimmertemperatur auftauen lassen und vor der Verwendung gut ausdrücken.

WARUM GESUND

In dem unkomplizierten Auflauf verbergen sich gleich mehrere B-Vitamine in beeindruckender Menge – im Zusammenspiel kann der sogenannte B-Komplex seine zahlreichen Aufgaben im Stoffwechsel besonders gut erfüllen.

ROTBARSCH MIT BASILIKUM-SCHAUM UND DICKEN BOHNEN

Pro Portion: Kilokalorien: 621 kcal; Fett: 33 g; Protein: 60 g; Kohlenhydrate: 20 g; Ballaststoffe: 16,1 g

50 MIN.

Zutaten für 2 Portionen

1 rote Zwiebel
1 Knoblauchzehe
225 g dicke Bohnen (frisch oder tiefgekühlt)
3 EL Olivenöl
Salz
schwarzer Pfeffer
½ Zitrone
3 Eier
25 g Parmesankäse
350 g Rotbarschfilet
etwas Vollkornmehl
5 Stiele Basilikum
50 ml Gemüsebrühe
1 EL Weißweinessig

1. Zwiebel und Knoblauch schälen und fein hacken. Dicke Bohnenkerne aus der Haut lösen bzw. auftauen lassen und dann aus der Schale lösen.
2. 1 EL Olivenöl in einem kleinen Topf erhitzen. Zwiebeln und Knoblauch darin glasig dünsten.
3. Bohnen dazugeben und 3–4 Minuten andünsten. Mit Salz und Pfeffer und einigen Spritzern Zitronensaft würzen und beiseitestellen.
4. 2 Eier in einer Schüssel verquirlen. Den Parmesan fein reiben und mit etwas Pfeffer unter die Eier heben.
5. Rotbarschfilets leicht schräg in dünne Scheiben schneiden.
6. Fisch mit Salz und Pfeffer würzen und im Mehl wenden. Überschüssiges Mehl abklopfen. Restliches Olivenöl in einer beschichteten Pfanne erhitzen.
7. Fischscheiben durch die Eimasse ziehen und dann in das erhitzte Öl legen. Von jeder Seite 3 Minuten bei geringer bis mittlerer Hitze goldgelb braten.
8. Basilikum waschen, trocken schütteln, Blätter abzupfen. Einige beiseitelegen, den Rest fein hacken.
9. Brühe, Weißweinessig, restliches Ei und Basilikum in einer Rührschüssel über einem heißen Wasserbad 5 Minuten mit dem Schneebesen cremig schlagen. Die Bohnen mit dem Fisch auf Teller geben und mit dem Basilikumschaum beträufeln. Nach Belieben mit Basilikumblättchen garnieren.

LACHS-GURKEN-PFANNE MIT DILL

Pro Portion: Kilokalorien: 354 kcal; Fett: 22 g; Protein: 28 g; Kohlenhydrate: 10 g; Ballaststoffe: 4,7 g

20 MIN.

Zutaten für 2 Portionen

1 Salatgurke (500 g)
1 rote Zwiebel
250 g Lachsfilet (ohne Haut)
1 EL Rapsöl
Salz
Pfeffer
125 ml Gemüsebrühe
125 ml Sojacreme
3 Stiele Dill
1 EL geschrotete Leinsamen
1 EL Sonnenblumenkerne

1. Salatgurke waschen, schälen und halbieren. Mit einem Löffel die Kerne herausschaben. Gurke in etwa 1 ½ cm breite Stücke schneiden. Zwiebel schälen und fein würfeln.
2. Lachsfilet abspülen, trocken tupfen und in etwa 2 cm große Würfel schneiden. Öl in einer beschichteten Pfanne erhitzen und den Fisch darin rundherum hellbraun anbraten. Herausnehmen, auf einen Teller legen, salzen und pfeffern.
3. Zwiebelwürfel in die Pfanne geben und kurz darin andünsten. Gurken dazugeben und 2 Minuten mitdünsten. Mit Salz und Pfeffer würzen.
4. Brühe und Sojacreme angießen. Aufkochen lassen, dann Temperatur herunterschalten und Gemüse bei geringer Hitze 4 Minuten köcheln lassen.
5. Inzwischen Dill waschen, trocken schütteln und Fähnchen abzupfen. Den Lachs wieder in die Pfanne geben. Noch 2 Minuten kochen, mit Salz und Pfeffer abschmecken. Mit Dill, Leinsamen und Sonnenblumenkernen bestreuen und servieren.

WARUM GESUND

Der einfachste Weg zu einem gesünderen Herzen und leistungsfähigen grauen Zellen führt über die Omega-3-Fettsäuren. Lachs ist eine der besten Quellen dafür. In der Kombination mit Rapsöl und Sojacreme sind alle wertvollen Fettbestandteile versammelt. Da lohnt jede Fettkalorie!

NOCH SMARTER

Ein Gericht für alle Fälle: Wer ein proteinbetontes Low-Carb-Abendessen möchte, serviert eine fettarme Suppe oder einen Salat mit fettarmem Dressing vorweg.

HAUPTGERICHTE MIT FLEISCH

HÄHNCHEN-GEMÜSE-PFANNE MIT SPARGEL, PAPRIKA UND CASHEWNÜSSEN

Pro Portion: Kilokalorien: 384 kcal; Fett: 19 g; Protein: 34 g; Kohlenhydrate: 19 g; Ballaststoffe: 9,3 g

30 MIN.

Zutaten für 2 Portionen

400 g grüner Spargel
3 Frühlingszwiebeln
1 rote Paprikaschote
1 Knoblauchzehe
4 EL Sojasauce
200 g Hähnchenbrustfilet
Salz
Pfeffer
2 EL Rapsöl
1 getrocknete rote Chilischote
25 g Cashewkerne

NOCH SMARTER

Das schnell zuzubereitende Gericht schmeckt heiß aus Wok oder Pfanne, aber genauso lauwarm oder kalt als Salat. Weißer Spargel geht natürlich auch, aber der grüne ist weit würziger!

1. Spargel putzen und waschen. Die unteren holzigen Enden abschneiden. Die Stangen in schräge Stücke (4 cm lang) schneiden. Frühlingszwiebeln putzen, waschen und in 3 cm lange Stücke schneiden.
2. Paprikaschote vierteln, entkernen, waschen und in feine Streifen schneiden. Knoblauch schälen und in eine Schüssel pressen. Sojasauce zufügen und verrühren.
3. Hähnchenfilet abspülen, trocken tupfen, in Streifen schneiden, salzen und pfeffern. Öl im Wok (oder in einer Pfanne) stark erhitzen. Hähnchenstreifen darin unter Rühren schnell rundherum braun anbraten. Herausnehmen und das Öl abgießen.
4. Das vorbereitete Gemüse in den Wok geben und bei großer Hitze 2 Minuten braten, dabei ständig rühren, damit alles gleichmäßig gart (die Asiaten nennen diese Technik übersetzt »pfannenrühren«).
5. Die Knoblauch-Soja-Mischung zum Gemüse in den Wok geben. Aufkochen und alles etwa 1 Minute kochen.
6. Chilischote mit den Fingern zerbröseln. Mit Cashewkernen und den Hähnchenstreifen in den Wok geben, weitere 2 Minuten unter Rühren kochen.

WARUM GESUND

Kalium und Asparaginsäure aus dem Spargel wirken entwässernd und können einen erhöhten Blutdruck senken. Die Kombi aus Folsäure, Eisen und Kalzium tut allen gut, ganz besonders aber Schwangeren und Stillenden.

HÄHNCHENTOPF MIT BIRNEN UND BOHNEN

Pro Portion: Kilokalorien: 381 kcal; Fett: 16 g; Protein: 41 g; Kohlenhydrate: 17 g; Ballaststoffe: 7 g

30 MIN.

Zutaten für 2 Portionen

- 2 Hähnchenbrustfilets (à 150 g)
- Salz
- Pfeffer
- 1 Zwiebel
- 2 Kochbirnen
- ½ Zitrone
- 1 EL Olivenöl
- 2 Wacholderbeeren
- 1 Lorbeerblatt
- 200 g grüne Bohnen (frisch oder tiefgekühlt)
- 150 ml Gemüsebrühe
- ½ Bund Petersilie
- 2 EL Walnusskerne (ca. 30 g)

NOCH SMARTER

Ein Bund mitgegartes Bohnenkraut (vor dem Servieren entfernen) bringt nicht nur aromatische Würze, sondern wirkt auch Blähungen entgegen, unter denen manche Menschen nach dem Genuss von Hülsenfrüchten leiden.

1. Hähnchenbrustfilets abspülen, mit Küchenpapier trocken tupfen und in etwa 2 x 2 cm große Würfel schneiden. Mit Salz und Pfeffer würzen.
2. Die Zwiebel schälen und fein würfeln.
3. Birnen waschen, trocken reiben, halbieren und achteln. Das Kerngehäuse herausschneiden. Die Zitrone auspressen.
4. Öl in einem Topf erhitzen und die Zwiebelwürfel darin andünsten. Hähnchenwürfel zufügen und unter Rühren 1–2 Minuten anbraten. Wacholder und Lorbeerblatt ebenfalls zugeben und weitere 1–2 Minuten braten.
5. Birnen und Bohnen zufügen (frische Bohnen zunächst waschen und die Spitzen abschneiden) und 1 Minute unter ständigem Rühren andünsten.
6. Zitronensaft und Gemüsebrühe angießen und alles bei mittlerer Hitze etwa 15 Minuten garen. Kurz vor dem Servieren die Wacholderbeeren und das Lorbeerblatt entfernen.
7. Inzwischen Petersilie waschen, trocken schütteln, Blättchen abzupfen und hacken.
8. Walnüsse mit einem großen Messer ebenfalls hacken. Mit der Petersilie über den Hähnchentopf streuen und servieren.

WARUM GESUND

»Birnen, Bohnen und Speck« gilt als Rezeptklassiker der norddeutschen Küche. Den fetten Speck haben wir hier allerdings durch zarte, fettarme Hähnchenbrust ersetzt. Dank dieser Schlankheitskur dürfen nun auch all jene zugreifen, die Probleme mit ihren Blutfettwerten haben oder die auf eine kalorienbewusste Ernährung setzen.

SAUERKRAUT-FILET-TOPF MIT PILZEN UND CORNICHONS

Pro Portion: Kilokalorien: 247 kcal; Fett: 16 g; Protein: 21 g; Kohlenhydrate: 3 g; Ballaststoffe: 7,5 g

15 MIN.

Zutaten für 2 Portionen

1 Schalotte
100 g Champignons
2 EL Rapsöl
150 g Rinderfilet
Salz
Pfeffer
½ TL Paprikapulver (edelsüß)
375 g Sauerkraut (3 Minuten Garzeit, Dose, Abtropfgewicht)
250 ml Rinderbrühe
3 Cornichons (Glas)
2 EL saure Sahne

1. Schalotte schälen und fein würfeln. Champignons mit feuchtem Küchenpapier abreiben, putzen und in Scheiben schneiden.
2. Öl in einem Topf erhitzen, Pilze und Schalotte darin unter gelegentlichem Rühren 3 Minuten bei mittlerer Hitze anbraten.
3. Inzwischen das Filet trocken tupfen; je nach Dicke längs halbieren und in dünne Scheiben schneiden.
4. Fleisch zur Pilz-Zwiebel-Mischung geben und 1 Minute unter Rühren mitbraten. Mit Salz, Pfeffer und 2–3 Prisen Paprikapulver würzen.
5. Sauerkraut und Brühe in den Topf geben und aufkochen lassen. Topf von der Kochstelle nehmen und das Ganze zugedeckt 3 Minuten ziehen lassen.
6. Cornichons abtropfen lassen, schräg in dünne Scheiben schneiden. Unter das Sauerkraut mischen.
7. Sauerkraut-Filet-Topf mit Salz und Pfeffer abschmecken und auf Tellern anrichten. Saure Sahne glatt rühren, jeweils 1 EL auf das Kraut geben und mit etwas Paprikapulver bestäuben.

NOCH SMARTER

Gut für anhaltende Sättigung und für die Immunabwehr: Frisch gekochte, gepellte Kartoffeln dazu servieren. Sie enthalten viel Vitamin C, das auch im Sauerkraut vorhanden ist.

WARUM GESUND

Sauerkraut gilt als sehr guter Lieferant für Ballaststoffe. Eine Portion dieses leichten Herbstessens enthält daher bereits ein Viertel unseres Tagesbedarfs. Ballaststoffe sättigen prima und sind für die Verdauung optimal, da sie die regelmäßige Darmbewegung unterstützen. Reichlich Zink im Essen pusht zudem unsere Immunabwehr.

WEISSKOHL-KOKOS-CURRY MIT GEGRILLTEN PUTENSCHNITZELN

Pro Portion: Kilokalorien: 462 kcal; Fett: 21 g; Protein: 45 g; Kohlenhydrate: 20 g; Ballaststoffe: 14 g

50 MIN.

Zutaten für 2 Portionen

2 Knoblauchzehen
1 kleine rote Chilischote
2 Putenschnitzel (à ca. 150 g)
1 ½ EL Sojaöl
½ Kopf junger Weißkohl (ca. 500 g)
2 Möhren (ca. 200 g)
1 Bund Frühlingszwiebeln
Salz
Pfeffer
Currypulver
100 ml Kokosmilch (9 % Fett)
250 g stückige Tomaten (Dose)
2 EL geröstete, gesalzene Erdnusskerne
2 Stiele Koriander

NOCH SMARTER

Putenschnitzel bringen viel mageres Eiweiß – das macht satt und ist gut für straffe Muskeln. Statt Pute können Sie je nach Vorliebe auch Fisch oder jedes andere magere Fleisch wählen.

1. Knoblauchzehen schälen und in Scheiben schneiden.
2. Chilischote halbieren, entkernen, waschen und hacken.
3. Putenschnitzel halbieren, abspülen und mit Küchenpapier trocken tupfen. In einer Schüssel mit jeweils der Hälfte der Knoblauchscheiben und der Chilischote und 1 TL Öl mischen. Mit Frischhaltefolie zugedeckt etwa 30 Minuten im Kühlschrank ziehen lassen (marinieren).
4. Inzwischen den halben Kohl putzen, halbieren und den harten Strunk herausschneiden. Kohl in Streifen schneiden.
5. Möhren schälen und in Stifte schneiden.
6. Frühlingszwiebeln putzen, waschen und in Stücke schneiden.
7. Restliches Öl in einem Topf erhitzen. Das vorbereitete Gemüse darin andünsten. Mit Salz, Pfeffer und Currypulver würzen und unter Rühren etwa 4 Minuten dünsten.
8. Kokosmilch, restliche Knoblauchscheiben und Chilistückchen zugeben. Gemüse zugedeckt bei geringer Hitze etwa 15 Minuten garen, eventuell etwas Wasser zugeben.
9. Tomaten unter das Gemüse rühren, nochmals mit Salz, Pfeffer und Curry abschmecken und unter gelegentlichem Rühren weitere 15 Minuten garen.

10. Putenschnitzel in einer Grillpfanne oder auf einem heißen Grill von beiden Seiten braten, mit Salz und Pfeffer würzen.
11. Erdnüsse grob hacken.
12. Koriander waschen, trocken schütteln und die Blätter abzupfen.
13. Gemüse nochmals mit Salz und Pfeffer abschmecken. Das Weißkohl-Kokos-Curry mit Erdnüssen und Koriander bestreuen und mit den Putenschnitzeln anrichten.

WARUM GESUND

Es lebe der gute alte Weißkohl: 100 Gramm enthalten gerade mal 25 Kilokalorien, decken aber fast den halben Tagesbedarf an Ballaststoffen. Der Gemüsemix ist vollgepackt mit Vitaminen und anderen Vitalstoffen – und schmeckt dank pikanter Kokossauce und Nüssen alles andere als nach Diät.

APFEL-FENCHEL-SALAT MIT WALNÜSSEN, REHSCHINKEN UND NUSSÖL

Pro Portion: Kilokalorien: 428 kcal; Fett: 33 g; Protein: 12 g; Kohlenhydrate: 18 g; Ballaststoffe: 9 g

35 MIN.

Zutaten für 2 Portionen

100 g Feldsalat
35 g Walnusskerne
50 g Rehschinken (in dünnen Scheiben)
½ Zitrone
1 TL süßer Senf
Salz
Pfeffer
2 EL Olivenöl
2 EL Walnussöl
1 große Fenchelknolle (ca. 300 g)
1 säuerlicher mittelgroßer Apfel (ca. 200 g)
1 kleine Zwiebel

1. Feldsalat putzen, waschen und trocken schleudern.
2. Walnüsse grob hacken, in einer Pfanne ohne Fett rösten, bis sie duften, herausnehmen und abkühlen lassen.
3. Schinken in feine Streifen schneiden. Die Zitrone auspressen.
4. Zitronensaft, Senf, etwas Salz und Pfeffer verrühren, die Öle zugießen und alles mit dem Schneebesen zu einer Sauce (Vinaigrette) verschlagen.
5. Fenchel putzen und waschen. Fenchelgrün trocken schütteln, sehr fein hacken und unter die Sauce rühren.
6. Apfel waschen und das Kerngehäuse mit dem Apfelausstecher herausstechen (oder den Apfel vierteln und entkernen). Zwiebel schälen. Feldsalat in einer mittelgroßen Schüssel mit etwa ⅓ der Vinaigrette mischen.
7. Fenchel, Apfel und Zwiebel mit dem Messer oder mit einem Gemüsehobel in sehr feine Scheiben schneiden, mit der restlichen Vinaigrette mischen und auf 2 Teller verteilen. Feldsalat darauf anrichten, mit Schinken und Walnüssen bestreuen und servieren.

NOCH SMARTER

Statt des Rehschinkens schmeckt auch Lachs-, Räucher-, Parma- oder Serranoschinken (Fettränder entfernen). Wer zusätzlich Fett sparen will, kann die Hälfte des Öls durch 2 EL Apfelsaft ersetzen.

WARUM GESUND

Der Salat tut Herz und Gefäßen Gutes: Die reichlich enthaltene Folsäure hilft mit, einen hohen Homocysteinspiegel im Blut zu senken, der als Risikofaktor für Herz-Kreislauf-Erkrankungen gilt. Die Vitamine C und E fangen zellschädigende Sauerstoffradikale ab und halten die Adern fit.

GRATINIERTES GEMÜSE MIT PIKANTEN HÄHNCHENSTREIFEN

Pro Portion: Kilokalorien: 442 kcal; Fett: 21 g; Protein: 44 g; Kohlenhydrate: 17 g; Ballaststoffe: 11 g

40 MIN.

Zutaten für 2 Portionen

½ Kopf junger Wirsing (ca. 400 g)
5 junge Möhren (ca. 300 g)
200 g Champignons (rosé)
½ Bio-Zitrone
2 EL Olivenöl
Salz
Pfeffer
100 ml Gemüsebrühe
1 Zweig Rosmarin
1 Stück Parmesankäse (ca. 30 g)
1 ½ EL Vollkorn-Semmelbrösel
1 EL Pinienkerne
1 Hähnchenbrustfilet (ca. 250 g)
1 Knoblauchzehe
etwas Chiliflocken

1. Wirsing waschen, putzen, den Strunk herausschneiden. Wirsing in feine Streifen schneiden. Möhren putzen und schälen.
2. Pilze putzen und je nach Größe halbieren oder vierteln.
3. Die Zitrone heiß abspülen und trocken reiben. Die Schale abreiben, den Saft auspressen.
4. Backofen auf 200 °C Ober-/Unterhitze (Umluft: 180 °C, Grad: Gas Stufe 3) vorheizen.
5. 1 ½ EL Öl in einer großen Pfanne erhitzen. Möhren, Wirsing und Pilze darin andünsten. Gemüse mit Salz und Pfeffer würzen, Brühe und Zitronensaft angießen und das Gemüse zugedeckt bei geringer Hitze 5–8 Minuten dünsten.
6. Gemüse mit der Flüssigkeit in eine Auflaufform füllen.
7. Rosmarin waschen, trocken schütteln, Nadeln abzupfen und fein hacken; ½ TL davon beiseitestellen.
8. Parmesankäse fein reiben. Mit Semmelbröseln, gehacktem Rosmarin, Zitronenschale und Pinienkernen mischen. Bröselmischung auf dem Gemüse verteilen. Auflauf im vorgeheizten Backofen ca. 10 Minuten überbacken (gratinieren).
9. Inzwischen Hähnchenbrustfilet abspülen, trocken tupfen und in Streifen schneiden.
10. Knoblauch schälen und halbieren.
11. Restliches Öl in einer Pfanne erhitzen. Filetstreifen, Knoblauch und beiseitegestellten Rosmarin darin unter Wenden braun braten. Mit Salz, Pfeffer und Chili würzen. Gemüse und Hähnchenstreifen zusammen anrichten.

NOCH SMARTER

Ideal als eiweißreiches, kalorienarmes Abendessen. Für eine Mittagsmahlzeit bietet sich eine kleine Portion Vollkornreis als kohlenhydrathaltige Beilage an: Dann bleibt der Blutzuckerspiegel konstant.

WARUM GESUND

Kohlgemüse wie Wirsing enthält Senfölglycoside. Diese sekundären Pflanzenstoffe verleihen dem Kohl den leicht bitteren Geschmack und haben eine antibakterielle Wirkung. In Tierversuchen wurde gezeigt, dass Senföle auch vor Krebs schützen können.

RINDFLEISCH-BOHNEN-WOK MIT BABY-AUBERGINEN

Pro Portion: Kilokalorien: 415 kcal; Fett: 21 g; Protein: 41 g; Kohlenhydrate: 14 g; Ballaststoffe: 9 g

50 MIN.

Zutaten für 2 Portionen

200 g chinesische Schlangenbohnen
5 Baby-Auberginen (ca. 200 g)
1 grüne Pfefferschote
1 Stück frischer Ingwer (ca. 30 g)
2 rote Zwiebeln
2 Knoblauchzehen
225 g Rinderfilet
3 EL Öl
2 EL Sojasauce
5 EL Austernsauce
4 Stiele Thai-Basilikum
Szechuan-Pfeffer oder weißer Pfeffer

1. Bohnen putzen, waschen, nach Belieben halbieren oder in etwa 6 cm lange Stücke schneiden.
2. Auberginen putzen, waschen und längs halbieren.
3. Pfefferschote längs halbieren, entkernen, waschen und in feine Streifen schneiden. Ingwer und Zwiebeln schälen und in feine Streifen schneiden. Knoblauch schälen und fein hacken.
4. Rinderfilet in feine Streifen schneiden.
5. 1 EL Öl in einem Wok erhitzen, das Fleisch darin rundherum scharf anbraten, herausnehmen und beiseitelegen.
6. 1 weiteren EL Öl im Wok erhitzen, die Bohnen darin unter Rühren 6–7 Minuten leicht braun braten, herausnehmen und beiseitelegen.
7. Restliches Öl im Wok erhitzen, Auberginen darin rundherum 3–4 Minuten braten, herausnehmen und beiseitelegen.
8. Pfefferschote, Ingwer, Knoblauch und Zwiebeln in den Wok geben, 2 Minuten unter Rühren braten.
9. Soja- und Austernsauce zugießen. Bohnen und Auberginen in den Wok geben und 3–4 Minuten sanft kochen, eventuell einige EL Wasser dazugeben.
10. Basilikum waschen, trocken schütteln und die Blättchen abzupfen.
11. Das Fleisch kurz in der Sauce erhitzen und mit etwas Pfeffer würzen. Basilikumblätter darüberstreuen.

NOCH SMARTER

Wenn Ihr Gemüsehändler keine Schlangenbohnen vorrätig hat, nehmen Sie einfach Brechbohnen. Auch sie enthalten viel gesundes pflanzliches Eiweiß.

WARUM GESUND

Über das reichlich enthaltene Spurenelement Zink in diesem Rezept freuen sich Ihre Abwehrkräfte! Einen erhöhten Zinkbedarf haben z. B. Frauen, die die Pille einnehmen, und Asthmatiker, die regelmäßig Kortisonpräparate brauchen. Die großzügig mitgelieferten Ballaststoffe machen jeden satt; Proteine aus Bohnen und Fleisch, Vitamine und Mineralstoffe erhalten das Wohlbefinden.

HÄHNCHEN AUF CHINESISCHE ART MIT SELLERIE, BOHNENSPROSSEN UND KNOBLAUCH

Pro Portion: Kilokalorien: 352 kcal; Fett: 16 g; Protein: 35 g; Kohlenhydrate: 13 g; Ballaststoffe: 9,5 g

30 MIN.

Zutaten für 2 Portionen

2 Stangen Staudensellerie (ca. 175 g)
150 g Mungobohnensprossen
170 g Wasserkastanien (Dose)
1 große Zwiebel
1 Knoblauchzehe
2 Hähnchenbrustfilets (ca. 250 g)
2 EL Sojasauce
1 gestr. TL Speisestärke
3 EL Rapsöl
150 ml Geflügelbrühe

1. Sellerie waschen, putzen, entfädeln und schräg in etwa 1 cm breite Stücke schneiden.
2. Mungobohnensprossen mit den Wasserkastanien in einem Sieb abspülen und abtropfen lassen.
3. Zwiebel schälen und in feine Streifen schneiden. Knoblauch schälen und fein hacken.
4. Hähnchen waschen, trocken tupfen, in feine Streifen schneiden und in einer Schüssel mit 1 TL Sojasauce und der Speisestärke vermischen.
5. Die Hälfte des Öls in einem Wok stark erhitzen. Sellerie und Zwiebel darin unter Rühren 2 Minuten anbraten.
6. Bohnensprossen, Wasserkastanien und Knoblauch dazugeben und 1 Minute weiterbraten.
7. Gemüse aus dem Wok nehmen. Das Fleisch im restlichen Öl 2 Minuten unter Rühren braten.
8. Restliche Sojasauce und Brühe in den Wok geben.
9. Gemüse wieder dazugeben und alles aufkochen, 2 Minuten bei mittlerer Hitze kochen lassen und sofort servieren.

NOCH SMARTER

Schnelle Low-Carb-Beilage zum schnellen Wokgericht: Zucchininudeln oder roher Blumenkohl geraspelt und angedünstet.

WARUM GESUND

In Mungobohnensprossen steckt viel Eiweiß, das wegen des hohen Lysingehalts interessant ist: Die vom Körper nicht selbst herstellbare Aminosäure ist am Aufbau von stützendem Kollagen beteiligt und wird für die Produktion von Antikörpern, Hormonen und Enzymen benötigt.

HACKFLEISCH-LINSEN-BÄLLCHEN MIT PAPRIKAGEMÜSE

Pro Portion: Kilokalorien: 297 kcal; Fett: 10 g; Protein: 22 g; Kohlenhydrate: 28 g; Ballaststoffe: 12,5 g

65 MIN.

Zutaten für 4 Portionen

1 Zwiebel
1 Knoblauchzehe
270 ml Gemüsebrühe
150 g Rote Linsen
2 kleine rote Paprikaschoten (à 150 g)
2 kleine gelbe Paprikaschoten (à 150 g)
2 kleine grüne Paprikaschoten (à 150 g)
1 Zucchini (ca. 250 g)
150 g gemischtes Hackfleisch
1 Ei
Salz
Pfeffer
1 Msp. gemahlener Kreuzkümmel
etwas Paprikapulver (rosenscharf)
2 EL Ajvar
½ Bund Schnittlauch
1 EL Tomatenmark

1. Zwiebel schälen und in kleine Würfel schneiden. Knoblauch schälen und hacken.
2. 200 ml Gemüsebrühe in einem Topf aufkochen. Linsen, Zwiebel und Knoblauch dazugeben, aufkochen und Linsen zugedeckt bei geringer Hitze 8–10 Minuten garen. Dann ohne Deckel noch so lange weitergaren, bis die Brühe verdampft ist. Alles abkühlen lassen.
3. Inzwischen Paprikaschoten halbieren, entkernen, waschen und in lange Streifen schneiden. Zucchini waschen, putzen und in etwa 5 cm lange Streifen schneiden.
4. Hackfleisch, Ei und abgekühlte Linsen in einer Schüssel mit den Knethaken eines Handmixers zu einem Fleischteig kneten. Mit Salz, Pfeffer, Kreuzkümmel und Paprikapulver würzen.
5. Mit angefeuchteten Händen 12 gleich große Bällchen daraus formen. In einem weiten Topf reichlich Salzwasser aufkochen und die Bällchen im leicht siedenden Wasser bei sehr geringer Hitze etwa 10 Minuten garen.
6. Restliche Gemüsebrühe in einer großen, tiefen Pfanne aufkochen. Paprikastreifen dazugeben und zugedeckt etwa 8 Minuten dünsten.
7. Zucchinistreifen und Ajvar dazugeben und zugedeckt noch weitere 5 Minuten dünsten.
8. Inzwischen den Schnittlauch abspülen, trocken schütteln und in feine Röllchen schneiden.

9. Das Tomatenmark unter das Paprikagemüse rühren. Mit Salz, Pfeffer und Paprikapulver abschmecken. Schnittlauchröllchen unterheben und Gemüse auf eine Platte geben.
10. Die Hackfleisch-Linsen-Bällchen mit einer Schaumkelle aus dem Topf heben und etwas abtropfen lassen. Auf dem Paprikagemüse anrichten und servieren.

WARUM GESUND

Eine Portion liefert das Anderthalbfache der von Ernährungswissenschaftlern empfohlenen Tagesmenge an Vitamin C. Damit pushen wir unser Immunsystem, weil die Aktivität der Abwehrzellen gesteigert wird. Auch Binde- und Knochengewebe profitieren von dem wasserlöslichen Vitamin.

NOCH SMARTER

Sie können die Hackmasse mit Currypulver würzen, falls Ihnen Kreuzkümmel nicht zusagt, und statt Ajvar einfach Tomatenmark oder Tomatensauce verwenden.

ZITRONENHÄHNCHEN MIT BOUILLON-GEMÜSE

Pro Portion: Kilokalorien: 403 kcal; Fett: 7 g; Protein: 56 g; Kohlenhydrate: 26 g; Ballaststoffe: 9,5 g

60 MIN.

Zutaten für 2 Portionen

2 Hähnchenbrustfilets (à ca. 200 g)
1 Zwiebel
1 Bund Suppengrün
½ kleine Bio-Zitrone
1 EL Öl
Salz
2 schwarze Pfefferkörner
1 Lorbeerblatt
2 Limettenblätter
2 Gewürznelken
2 Pimentkörner
1 Kohlrabi (ca. 350 g)
3 festkochende Kartoffeln (ca. 200 g)
100 g Erbsen (tiefgekühlt)

NOCH SMARTER

Gönnen Sie sich einmal Bio-Hähnchen! Das Brustfleisch der nach Öko-Richtlinien aufgezogenen Tiere schmeckt einfach deutlich würziger und enthält weniger Medikamentenrückstände als das ihrer Artgenossen aus Massentierhaltung.

1. Hähnchenbrustfilets abspülen und mit Küchenpapier trocken tupfen.
2. Zwiebel ungeschält halbieren.
3. Vom Suppengrün 1 Möhre, die Hälfte vom Sellerie, das Grüne vom Lauch und die Petersilienwurzel putzen bzw. schälen und grob würfeln. Etwas Selleriegrün abzupfen, waschen und beiseitelegen.
4. Die halbe Zitrone heiß abspülen und in Scheiben schneiden.
5. Einen Topf erhitzen. Die Zwiebelhälften darin auf den Schnittflächen kräftig anrösten, herausnehmen. Öl im Topf erhitzen und die Hähnchenbrustfilets darin bei mittlerer Hitze unter Wenden anbraten.
6. Zwiebelhälften und zerkleinertes Suppengrün zugeben. Etwa 500 ml Wasser angießen, aufkochen. Salz, Pfefferkörner, Lorbeerblatt, Limettenblätter, Nelken, Pimentkörner und Zitronenscheiben zufügen. Alles bei halb aufgelegtem Deckel etwa 20 Minuten köcheln lassen.
7. Inzwischen übriges Suppengrün, Kohlrabi und Kartoffeln putzen bzw. schälen und in etwa gleich große Stücke schneiden.
8. Hähnchenfilets aus dem Topf heben.
9. Die Sauce (Fond) durch ein feines Sieb in einen zweiten Topf gießen. Mit Salz und Pfeffer abschmecken.
10. Kartoffel- und Gemüsewürfel im Fond bei mittlerer Hitze ca. 15 Minuten köcheln lassen.

11. Erbsen und Hähnchenfilets in den Fond geben und weitere ca. 5 Minuten köcheln lassen.
12. Gemüse mit einer Schaumkelle aus der Brühe heben und auf Teller verteilen, etwas Brühe zugießen. Hähnchenfilets darauf anrichten. Mit beiseitegelegtem Selleriegrün bestreuen.

WARUM GESUND

Hähnchenbrust enthält reichlich Eiweiß, wenig Fett und im Gegensatz zu manch anderen Fleischsorten auch wenig Purine. Das ist vor allem für all jene wichtig, die an Gicht leiden und auf eine purinarme Kost achten müssen. Für Genießer mit Fettstoffwechselstörungen oder Übergewicht eignet sich das cholesterin- und kalorienarme Geflügelgericht ebenfalls ganz wunderbar.

GEMÜSE-KASSLER-EINTOPF MIT GRAUPEN

Pro Portion: Kilokalorien: 237 kcal; Fett: 3 g; Protein: 20 g; Kohlenhydrate: 31 g; Ballaststoffe: 11 g

50 MIN.

Zutaten für 4 Portionen

125 g Knollensellerie
3 Möhren (ca. 300 g)
1 kleiner Blumenkohl (ca. 500 g)
1 l Gemüsebrühe
100 g Gerstengraupen
200 g Kassler Rücken (ohne Knochen)
½ Bund glatte Petersilie
2 Frühlingszwiebeln
200 g Erbsen (tiefgekühlt)
etwas Muskatnuss
Salz
Pfeffer

1. Knollensellerie und Möhren waschen, schälen und in etwa 1 cm große Würfel schneiden.
2. Blumenkohl waschen, putzen und in kleine Röschen teilen. Blumenkohlstiel schälen und in kleine Würfel schneiden.
3. Gemüsebrühe in einem Topf aufkochen, Graupen dazugeben, nochmals aufkochen und Graupen zugedeckt bei geringer Hitze 10 Minuten garen.
4. Kassler in etwa 1 cm große Würfel schneiden, mit Sellerie und Möhren zu den Graupen geben und weitere 5 Minuten garen.
5. Inzwischen Petersilie abspülen und trocken schütteln. Blätter abzupfen, einige beiseitelegen und den Rest in feine Streifen schneiden.
6. Frühlingszwiebeln waschen, putzen und in sehr dünne Ringe schneiden.
7. Blumenkohl und gefrorene Erbsen zu den Graupen geben, aufkochen lassen und dann alles zugedeckt bei geringer Hitze 5 Minuten garen.
8. Frühlingszwiebel zum Eintopf geben und kurz aufkochen. Etwas Muskat dazureiben, Petersilienstreifen zufügen und Eintopf mit Salz und Pfeffer abschmecken. Mit Petersilienblättern garnieren und servieren.

NOCH SMARTER

Auch lecker mit Brokkoli anstelle des Blumenkohls. Beide punkten mit viel Vitamin C – die grünen Röschen enthalten darüber hinaus eine Extraportion Kalzium für Knochen und Zähne.

WARUM GESUND

An den ersten kalten Herbsttagen wärmt der leichte Eintopf nicht nur gut durch, er bringt auch Vitamin C und Betacarotin für Abwehr und Zellschutz in unseren Körper. Aus dem Komplex der B-Vitamine dienen B1, B6 und Niacin dem Stoffwechsel und sind förderlich für die Konzentration sowie für Nerven und Schleimhäute.

SAFRAN-KICHERERBSEN MIT LAMM UND ZUCCHINI

Pro Portion: Kilokalorien: 515 kcal; Fett: 20 g; Protein: 54 g; Kohlenhydrate: 27 g; Ballaststoffe: 8 g

50 MIN.

Zutaten für 2 Portionen

- 6 getrocknete Tomaten (ca. 20 g)
- 1 Knoblauchzehe
- 1 Zucchini (ca. 200 g)
- 265 g Kichererbsen (Dose, Abtropfgewicht)
- 2 EL Olivenöl
- 1 Msp. Safranfäden
- Salz
- Pfeffer
- 1 Msp. gemahlener Koriander
- 4 Lammfilets (ca. 300 g)

1. Getrocknete Tomaten mit der Küchenschere oder einem Messer in schmale Streifen schneiden.
2. Knoblauch schälen und in Scheiben schneiden.
3. Zucchini waschen, putzen und in etwa 2 cm große Würfel schneiden.
4. Kichererbsen in ein Sieb geben, abspülen und abtropfen lassen.
5. 1 EL Olivenöl in einem Topf erhitzen. Tomaten und Knoblauch darin bei mittlerer Hitze etwa 1 Minute andünsten. Zucchini und Kichererbsen dazugeben.
6. 100 ml Wasser und die Safranfäden dazugeben, mit Salz, Pfeffer und Koriander würzen und aufkochen. Bei geringer Hitze zugedeckt etwa 7 Minuten garen.
7. Inzwischen Lammfilets waschen, trocken tupfen und gegebenenfalls noch vorhandene Sehnen entfernen.
8. Restliches Olivenöl in einer Pfanne erhitzen. Lammfilets rundherum darin anbraten und mit Salz und Pfeffer würzen. Bei geringer Hitze etwa 5 Minuten braten. Lammfilets mit dem Kichererbsengemüse anrichten.

WARUM GESUND

Lammfleisch strotzt vor blutbildendem Vitamin B12, das nur in tierischen Lebensmitteln vorkommt; an der Bildung roter Blutkörperchen wirkt auch das aus dem aromatischen Fleisch besonders gut verwertbare Spurenelement Eisen mit.

VEGETARISCHE HAUPTGERICHTE

PILZ-KAISERSCHMARRN

Pro Portion: Kilokalorien: 443 kcal; Fett: 18 g; Protein: 28 g; Kohlenhydrate: 39 g; Ballaststoffe: 9,2 g

50 MIN.

Zutaten für 2 Portionen

- 2 Eier
- 125 g Magerquark
- 100 g Dinkelvollkornmehl
- 1 EL Haferkleie
- 75 ml Milch (1,5 % Fett)
- 250 g gemischte Pilze (je nach Saison)
- 1 Knoblauchzehe
- 2 kleine Schalotten
- 2 EL Olivenöl
- 1 Stiel Majoran
- Salz
- Pfeffer

1. Eier trennen.
2. Magerquark in einer Schüssel mit Eigelben, Mehl, Kleie und Milch zu einem Teig verrühren und etwa 10 Minuten quellen lassen.
3. Inzwischen Pilze putzen und in ca. 1 cm große Stücke schneiden.
4. Knoblauch schälen und fein hacken. Schalotten schälen und fein würfeln.
5. Öl in einer ofenfesten Pfanne erhitzen. Schalotten und Knoblauch darin 2–3 Minuten farblos andünsten.
6. Pilze dazugeben und bei mittlerer Hitze unter Rühren 4–5 Minuten braten.
7. Backofen auf 180 °C Ober-/Unterhitze (Umluft 160 °C, Gas: Stufe 2–3) vorheizen.
8. Majoran waschen, trocken schütteln, Blätter abzupfen und zu den Pilzen geben, mit Salz und Pfeffer würzen. In der Pfanne beiseitestellen.
9. Eiweiße in einem Gefäß sehr steif schlagen und dann vorsichtig unter den Teig heben.
10. Pfanne mit den Pilzen wieder auf den Herd stellen und erhitzen. Den Teig hineingeben und kurz bei mittlerer Hitze stocken lassen.
11. Dann die Pfanne in den vorgeheizten Backofen auf den Backofenrost stellen und den Schmarrn 15–17 Minuten backen. Zum Servieren den Schmarrn mit 2 Gabeln in Stücke reißen und auf Teller geben. Dazu passt beispielsweise ein Blattsalat mit einer Kernöl-Vinaigrette.

NOCH SMARTER

Nehmen Sie in Ihre Pilzmischung unbedingt Shiitake mit auf. Dieser aromatische asiatische Pilz hat Studien zufolge eine krebsschützende Wirkung und soll Viren und Bakterien abwehren.

WARUM GESUND

Pilze enthalten verschiedene B-Vitamine in größeren Mengen und unterstützen so die Stoffwechselvorgänge im Körper. Eine Portion Kaiserschmarrn bringt allein 75 Prozent des Tagesbedarfs an Pantothensäure. Sie ist an Grundfunktionen beteiligt wie der Hormonbildung, Zellerneuerung und Energiegewinnung sowie als Antistress-Vitamin bekannt.

WIRSING-APFEL-GEMÜSE

Pro Portion: Kilokalorien: 574 kcal; Fett: 27 g; Protein: 21 g; Kohlenhydrate: 60 g; Ballaststoffe: 16 g

30 MIN.

Zutaten für 2 Portionen

1 Schalotte
400 g Wirsing
1 säuerlicher Apfel (ca. 200 g)
50 g getrocknete Datteln (ohne Stein)
2 EL Olivenöl
100 g Rote Linsen
150 ml Gemüsebrühe
Salz
Pfeffer
50 g Haselnusskerne
½ Bund Rucola (50 g)

1. Schalotte schälen und fein hacken.
2. Wirsing putzen, vom harten Strunk befreien, Blätter waschen, abtropfen lassen und in feine Streifen schneiden.
3. Apfel waschen, trocken reiben, vierteln, entkernen und würfeln. Datteln halbieren und in Streifen schneiden.
4. Öl in einer großen beschichteten Pfanne erhitzen. Schalotte darin kurz glasig dünsten.
5. Wirsing zufügen und etwa 5 Minuten andünsten. Apfel, Linsen und Datteln einrühren und bei mittlerer Hitze weitere 2 Minuten dünsten.
6. Brühe angießen und alles weitere 10 Minuten garen. Mit Salz und Pfeffer abschmecken.
7. Während der Wirsing gart, Haselnüsse grob hacken und in einer kleinen Pfanne ohne Fett anrösten, bis sie zu duften beginnen. Dann Pfanne vom Herd nehmen.
8. Rucola putzen, waschen, trocken schütteln und hacken. Mit den Haselnüssen über das Gemüse streuen und servieren.

NOCH SMARTER

Lassen Sie sich von dem relativ hohen Fettgehalt nicht abschrecken! Denn hier kommt nur »gutes« Fett auf den Teller, das uns mit ungesättigten Fettsäuren versorgt und darum für Herz und Gefäße wichtig ist.

WARUM GESUND

Effektiver Zellschutz gefällig? Dann greifen Sie zu: Eine Portion liefert nämlich den gesamten Tagesbedarf an Vitamin E und dazu noch eine respektable Dosis Vitamin C sowie reichlich sättigende und darmfreundliche Ballaststoffe.

GRÜNE KARTOFFELPFANNE MIT SCHAFSKÄSE

Pro Portion: Kilokalorien: 399 kcal; Fett: 20 g; Protein: 11 g; Kohlenhydrate: 40 g; Ballaststoffe: 12 g

45 MIN.

Zutaten für 2 Portionen

500 g neue Kartoffeln
1 grüne Paprikaschote
3 frische Knoblauchzehen
1 Bund Frühlingszwiebeln
75 g grüne Oliven (mit Stein)
3 Stiele Basilikum
2 EL Olivenöl
Salz
Pfeffer
50 g Schafskäse
1 TL ungeschälter Sesam

NOCH SMARTER

Sie können die Kartoffelpfanne natürlich auch mit gelber oder roter Paprikaschote zubereiten. Nehmen Sie zum Braten aber auf jeden Fall eine festkochende Kartoffelsorte, damit sie schön in Form bleibt.

1. Kartoffeln gründlich waschen und in einem Topf mit kochendem Wasser 20–25 Minuten garen. Dann abgießen und auskühlen lassen. Während die Kartoffeln kochen, Paprikaschote vierteln, entkernen, waschen und mit der Hautseite nach oben auf ein Backblech legen.
2. Unter dem heißen Ofengrill rösten, bis die Haut schwarz wird und Blasen wirft. Paprika in eine Schüssel legen, mit einem Teller zudecken und 10 Minuten ruhen lassen. Dann die Haut abziehen und die Schote in feine Streifen schneiden.
3. Knoblauch schälen und in feine Scheiben schneiden.
4. Frühlingszwiebeln putzen, waschen und leicht schräg in feine Scheiben schneiden.
5. Olivenfruchtfleisch in Scheiben vom Stein trennen und dann in feine Stifte schneiden.
6. Basilikum waschen, trocken schütteln, Blätter abzupfen und fein hacken.
7. Die Kartoffeln halbieren.
8. Öl in einer Pfanne erhitzen und die Kartoffeln darin auf der Schnittfläche goldbraun braten.
9. Knoblauch und Paprika dazugeben und weitere 2 Minuten unter Rühren braten. Mit Salz und Pfeffer würzen.
10. Frühlingszwiebeln, Oliven und Basilikum dazugeben und kurz erhitzen.
11. Käse zerbröseln. Kurz vor dem Servieren mit dem Sesam über die Kartoffeln streuen.

WARUM GESUND

Bratkartoffeln der neuen Art: aufgewertet mit grüner Paprika und Frühlingszwiebeln. Der preiswerte Sattmacher ist reich an Ballaststoffen und Vitamin C. Durch das Öl und den Sesam senkt er den Cholesterinspiegel und stärkt Herz und Gefäße.

KÜRBISPÜREE MIT PILZEN UND KÜRBISKERNWÜRZÖL

Pro Portion: Kilokalorien: 416 kcal; Fett: 28 g; Protein: 14 g; Kohlenhydrate: 25 g; Ballaststoffe: 10 g

75 MIN.

Zutaten für 2 Portionen

800 g Hokkaido-Kürbis (mit Schale)
Salz
Pfeffer
4 EL Olivenöl
20 g Kürbiskerne
6 Stiele Petersilie
1 große Knoblauchzehe
1 TL Kürbiskernöl
250 g gemischte Pilze (nach Belieben)
1 Schalotte
1 Zweig Rosmarin
125 ml Milch (1,5 % Fett)
etwas Muskatnuss
½ Zitrone

1. Backofen auf 200 °C Ober-/Unterhitze (Umluft: 180 °C, Gas: Stufe 3) vorheizen.
2. Kürbis gründlich waschen und trocken reiben. In Viertel teilen und die Kerne herauslösen. Das Fruchtfleisch auf ein Backblech geben, leicht salzen und pfeffern und mit etwas Olivenöl beträufeln. Im vorgeheizten Backofen etwa 55 Minuten backen.
3. Inzwischen die Kürbiskerne in einer Pfanne ohne Fett rösten, bis sie sich aufblähen. Abkühlen lassen und fein hacken.
4. Petersilie waschen, trocken schütteln, Blätter abzupfen und sehr fein hacken. Knoblauch schälen und ebenfalls sehr fein hacken.
5. Kürbiskerne, Petersilie und Knoblauch mit 2 EL Olivenöl und dem Kürbiskernöl in einer Schüssel verrühren. Salzen, pfeffern und beiseitestellen.
6. Die Pilze putzen und je nach Größe vierteln oder halbieren. Schalotte schälen und fein hacken. Rosmarin waschen und trocken schütteln, die Nadeln abzupfen und grob hacken.
7. Kurz vor Ende der Backzeit des Kürbisses die Milch mit Salz, Pfeffer und frisch geriebenem Muskat in einem Topf aufkochen.
8. Den weichen Kürbis mit der Schale in eine Küchenmaschine geben und bei mittlerer Geschwindigkeit pürieren.

NOCH SMARTER

Das farbenfrohe Kürbispüree macht auch als Beilage zu Fisch, Fleisch und Geflügel kulinarisch wie optisch was her. Wer Zeit sparen will, kann mit eingelegtem Kürbis aus dem Glas tricksen: einfach abtropfen lassen, in wenig Salzwasser erhitzen und dann im Mixer pürieren.

9. Die Milch nach und nach dazugeben und dabei weitermixen, bis ein glattes Püree entsteht. Nochmals mit Salz und Pfeffer abschmecken und zugedeckt warm halten.
10. Restliches Öl in einer schweren Pfanne erhitzen. Pilze darin bei starker Hitze rundherum anbraten. Schalotte dazugeben und weitere 2–3 Minuten braten. Zitrone halbieren, auspressen und 2 TL Saft abmessen.
11. Den Zitronensaft mit dem Rosmarin zu den Pilzen geben. Salzen, pfeffern und auf Tellern anrichten. Das Kürbispüree und das vorbereitete Kürbiskernöl dazu servieren.

WARUM GESUND

Wer sagt denn, dass ein Püree immer mit Kartoffeln zubereitet werden muss? Aus Kürbis schmeckt es auch toll und versorgt uns ganz nebenbei mit reichlich Ballaststoffen. Und dazu liefert das Kürbispüree noch sehr viel Eisen, das der Körper durch den ebenfalls hohen Vitamin-C-Gehalt besonders gut aufnehmen kann.

EIER-BROKKOLI-SALAT MIT JOGHURT-DRESSING

Pro Portion: Kilokalorien: 304 kcal; Fett: 17 g; Protein: 25 g; Kohlenhydrate: 11 g; Ballaststoffe: 8 g

40 MIN.

Zutaten für 2 Portionen

3 Eier
500 g Brokkoli
3 kleine getrocknete Tomaten
Salz
1 EL Pinienkerne
150 g Joghurt (1,5 % Fett)
Pfeffer
1 TL Senf
1 TL Sesamöl
1 Knoblauchzehe
5 rosa Champignons (ca. 75 g)

NOCH SMARTER

Ein paar Fettkalorien lassen sich noch einsparen, wenn Sie den fettarmen Joghurt (1,5 % Fett) durch Magermilchjoghurt (0,1 bzw. 0,3 % Fett) ersetzen.

1. Eier anstechen und in einem Topf mit kochendem Wasser in 8–10 Minuten hart kochen. Eier abgießen, mit kaltem Wasser abschrecken und pellen. Dann auskühlen lassen.
2. Während die Eier kochen, Brokkoli putzen, waschen und in Röschen teilen. Dicke Stiele schälen und klein schneiden. Tomaten in feine Streifen schneiden.
3. Brokkoli in einem Topf mit wenig kochendem Salzwasser zugedeckt bei mittlerer Hitze 5–7 Minuten dünsten. Tomatenstreifen ca. 3 Minuten mitdünsten. Brokkoli und Tomatenstreifen durch ein Sieb abgießen und gut abtropfen lassen.
4. Inzwischen die Pinienkerne in einer kleinen Pfanne ohne Fett rösten und auf einem Teller auskühlen lassen.
5. Joghurt, Salz, Pfeffer, Senf und Öl in einer Schüssel zu einem Dressing verrühren. Knoblauch schälen, durch eine Knoblauchpresse zum Joghurt drücken und unterrühren.
6. Champignons putzen und in feine Scheiben schneiden.
7. Pilze, Tomatenstreifen und Brokkoli vorsichtig mit dem Joghurt-Dressing mischen. 10 Minuten ziehen lassen.
8. Inzwischen die Eier in Spalten scheiden und zum Schluss vorsichtig unter den Salat mischen. Den Eier-Brokkoli-Salat mit Pinienkernen bestreut servieren.

WARUM GESUND

Mit diesem idealen Salat für Gäste oder fürs Büfett kommen besonders viele B-Vitamine ins Spiel. Allein 80 Prozent des Tagesbedarfs an Pantothensäure landen pro Portion auf dem Teller. Dieses auch als B5 bezeichnete Vitamin fördert den Haarwuchs und begünstigt die Wundheilung.

MÖHREN-KOHLRABI-GRATIN MIT KRÄUTERQUARK

Pro Portion: Kilokalorien: 392 kcal; Fett: 20 g; Protein: 33 g; Kohlenhydrate: 18 g; Ballaststoffe: 8,5 g

45 MIN.

Zutaten für 2 Portionen

3 Möhren (ca. 300 g)
1 Kohlrabi
1 Zwiebel
1 Zweig Rosmarin
1 EL Rapsöl
2 Pimentkörner
50 ml kräftige Brühe
2 Eier
250 g Magerquark
5 EL Milch (1,5 % Fett)
1 Paket gemischte Kräuter (italienische Kräutermischung, tiefgekühlt, 50 g)
Salz
Pfeffer
2 EL Sonnenblumenkerne (30 g)

1. Möhren und Kohlrabi waschen und schälen. Möhren in dünne Scheiben, Kohlrabi in Stifte schneiden.
2. Zwiebel schälen und würfeln. Rosmarin waschen und trocken schütteln.
3. Rapsöl in einem Topf erhitzen. Zwiebel darin bei mittlerer Hitze glasig dünsten. Möhren und Kohlrabi zugeben und etwa 2 Minuten mitdünsten.
4. Rosmarin, Piment und Brühe hinzufügen. Alles bei mittlerer Hitze 10–12 Minuten garen. Vom Herd nehmen und etwas abkühlen lassen. Rosmarinzweig und Pimentkörner entfernen.
5. Backofen auf 180 °C Ober-/Unterhitze (Umluft: 160 °C, Gas: Stufe 2–3) vorheizen.
6. Inzwischen Eier, Quark, Milch und Kräuter in einer Schüssel verrühren. Mit Salz und Pfeffer würzen.
7. Möhren und Kohlrabi unter die Kräuter-Ei-Quark-Mischung heben und vermischen. Alles in eine Auflaufform füllen und glatt streichen. Im vorgeheizten Backofen auf der mittleren Schiene etwa 25 Minuten backen.
8. Inzwischen die Sonnenblumenkerne in einer beschichteten Pfanne ohne Fett goldbraun rösten. Über das Gratin streuen und servieren.

NOCH SMARTER

Magerquark und Eier zusammen sind ein echter »weißer Riese«, denn sie punkten kräftig mit Proteinen. Genau darum sättigt das Gratin so gut und hält die grauen Zellen auf Trab.

WARUM GESUND

Möhren mit ihrem hohen Gehalt an Vitamin A sind bekannt als wichtiges »Futter« für die Augen. Hier kommt das besonders zur Geltung, denn alles in allem erfüllt eine Portion des Gratins das tägliche Soll für gute Sehkraft gleich dreifach.

INDONESISCHER SALAT MIT EIERROLLEN, ERDNÜSSEN UND KORIANDER

Pro Portion: Kilokalorien: 551 kcal; Fett: 35 g; Protein: 33 g; Kohlenhydrate: 25 g; Ballaststoffe: 14,1 g

40 MIN.

Zutaten für 2 Portionen

2 Eier
Salz
Pfeffer
2 EL kohlensäurehaltiges Mineralwasser
2 ½ EL Rapsöl
1 Mini-Salatgurke
1 rote Paprikaschote
2 Möhren (ca. 200 g)
1 längliche Schalotte
200 g Tofu (z. B. mit Paprika)
1 Bund Koriander
1 Limette
1 kleine Chilischote
1 ½ EL Sojasauce
1 TL Sesamöl
1 Römersalat
2 EL Erdnusskerne

1. Eier in einer Schüssel mit etwas Salz, Pfeffer und dem Mineralwasser verquirlen.
2. 1 TL Rapsöl in einer Pfanne erhitzen, das verquirlte Ei hineingeben, bei mittlerer Hitze zu einem Pfannkuchen stocken lassen, wenden, weitere 30 Sekunden braten und herausnehmen.
3. Den Pfannkuchen aufrollen und in Scheiben schneiden, bis zur Verwendung zugedeckt beiseitestellen.
4. Gurke waschen, halbieren und entkernen. Paprikaschote vierteln, putzen, entkernen, waschen. Möhren schälen und putzen. Gurke, Paprika und Möhren in feine Streifen schneiden.
5. Schalotte schälen und in sehr feine Streifen schneiden.
6. Tofu in Würfel schneiden. Koriander waschen, trocken schütteln und die Blätter abzupfen.
7. Limette auspressen. Chilischote halbieren, entkernen, waschen und mit dem Messer oder im Mörser zu einer feinen Paste reiben. Chili in einer Schüssel mit 3 EL Limettensaft, Sojasauce, Sesamöl und 1 EL Rapsöl verrühren.
8. Römersalat putzen, waschen, trocken schleudern und die Blätter dekorativ auf einer Platte anrichten.
9. Erdnüsse in einer Pfanne ohne Fett rösten, dann beiseitelegen.

10. Das restliche Rapsöl in der Pfanne erhitzen und die Tofuwürfel darin goldbraun braten.
11. Das vorbereitete Gemüse mit der Chilisauce mischen und auf die Salatblätter geben. Tofu, Erdnüsse und Eierrollen auf dem Salat verteilen, alles mit Koriander bestreuen und sofort servieren.

WARUM GESUND

Neben vielen anregenden Aromen liefert dieser Salat jede Menge Eisen, Vitamin C und Folsäure. Eisen spielt bei der Versorgung des Körpers mit Sauerstoff eine große Rolle, das Vitamin C hilft bei der Verwertung des Mineralstoffes. Folsäure ist unentbehrlich für die Neubildung von Zellen und die Zellteilung, deshalb sollten besonders Schwangere auf eine ausreichende Zufuhr achten.

NOCH SMARTER

Oft ist Gemüse mit Pestiziden belastet. Wenn Sie jedoch Gemüse aus biologischem Anbau sowie regionale und saisonale Lebensmittel verwenden, sind Sie in der Regel auf der sicheren Seite.

SOMMERLICHER ZOODLE-SALAT

Pro Portion: Kilokalorien: 366 kcal; Fett: 25 g; Protein: 13 g; Kohlenhydrate: 20 g; Ballaststoffe: 12,3 g

30 MIN.

Zutaten für 2 Portionen

2 mittelgroße Zucchini
100 g getrocknete Tomaten (in Öl)
200 g Kirschtomaten
1 Avocado
2 EL Limettensaft
1 rote Chilischote
Salz
Pfeffer
25 g Pinienkerne

1. Zucchini putzen, waschen und mit einem Spiralschneider zu Spaghetti schneiden.
2. Getrocknete Tomaten abtupfen und in kleine Stücke schneiden. Kirschtomaten waschen und halbieren.
3. Zucchini in einer Schüssel mit kochendem Wasser übergießen, 1 Minute ziehen lassen, durch ein Sieb abgießen und abkühlen lassen.
4. Avocado schälen, entkernen und die Hälfte des Fruchtfleischs in Würfel schneiden. Mit 1 EL Limettensaft beträufeln.
5. Die restliche Avocado mit dem übrigen Limettensaft in eine Schüssel geben. Mit einer Gabel grob zerdrücken oder mit dem Pürierstab pürieren. Chili waschen, putzen, klein hacken und unterrühren. Avocadocreme mit Salz und Pfeffer abschmecken.
6. Pinienkerne in einer Pfanne ohne Fett goldbraun rösten.
7. Zoodles auf zwei Teller verteilen und Avocadocreme daraufgeben. Mit Avocadowürfeln, Pinienkernen sowie getrockneten und frischen Tomaten bestreuen.

PAPRIKA MIT QUINOA GEFÜLLT

Pro Portion: Kilokalorien: 302 kcal; Fett: 12 g; Protein: 9 g; Kohlenhydrate: 39 g; Ballaststoffe: 11,1 g

65 MIN.

Zutaten für 4 Portionen

150 g Quinoa
550 ml Gemüsebrühe
4 Paprikaschoten (rot oder gelb)
2 Stiele Koriander
1 Zwiebel
1 dünne Stange Lauch (200 g)
1 TL Rapsöl
50 g Joghurtbutter
etwas Kurkumapulver
etwas Currypulver

1. Quinoa in ein Sieb füllen und unter warmem Wasser abspülen, bis das Wasser klar bleibt.
2. 400 ml Brühe in einem Topf zum Kochen bringen. Quinoa einrühren und zugedeckt bei geringer Hitze in ca. 15 Minuten gar köcheln.
3. Inzwischen Paprikaschoten waschen, Deckel abschneiden, Kerne und weiße Innenhäute entfernen. Koriander waschen, trocken schütteln, hacken. Zwiebel schälen, fein hacken. Lauch putzen, waschen und in kleine Würfel schneiden.
4. Backofen auf 220 °C Ober-/Unterhitze (Umluft 200 °C; Gas: Stufe 3–4) vorheizen.
5. Quinoa vom Herd nehmen, falls nötig abgießen und auskühlen lassen.
6. Rapsöl in einem Topf erhitzen. Zwiebel und Lauch darin glasig dünsten, mit Quinoa und Koriander mischen, in die Paprikaschoten füllen und Deckel aufsetzen. Paprikaschoten in eine Auflaufform setzen, restliche Brühe angießen und Paprika im vorgeheizten Backofen 20–25 Minuten garen.

7. Joghurtbutter in einem Topf zerlassen und mit Kurkuma- und Currypulver würzen. Paprikaschoten auf 4 Tellern anrichten und mit der Butter beträufeln.

HAUSGEMACHTER KRÄUTER-JOGHURT-FRISCHKÄSE MIT ARTISCHOCKENSALAT

Pro Portion: Kilokalorien: 304 kcal; Fett: 19 g; Protein: 13 g; Kohlenhydrate: 18 g; Ballaststoffe: 12,5 g

1 TAG UND 30 MIN.

Zutaten für 2 Portionen

- 2 Stiele Petersilie
- 2 Stiele Basilikum
- 1 Stiel Minze
- 500 g Joghurt (1,5 % Fett) (stichfest)
- ½ TL Meersalz
- 425 g Artischockenböden (Dose, Abtropfgewicht)
- 12 Kirschtomaten
- 30 g schwarze Oliven (ohne Stein)
- 1 rote Zwiebel
- 2 EL Olivenöl
- 2 EL Orangensaft
- Salz
- Pfeffer
- 1 Stiel Oregano

NOCH SMARTER

Und was passt dazu? Ganz klar: knuspriges Low-Carb-Brot! Backen Sie es selbst, dann wissen Sie genau, was drinsteckt!

1. Petersilie, Basilikum und Minze waschen und trocken schütteln. Die Blätter abzupfen und fein hacken. In einer kleinen Schüssel mit dem Joghurt verrühren und mit dem Meersalz würzen.
2. Ein feines Sieb mit einem sauberen Küchentuch oder Mulltuch auslegen und über eine Schüssel hängen. Joghurt in das Sieb füllen, Tuch darüberschlagen und mit einem Teller beschweren. Im Kühlschrank mindestens 24 Stunden (besser 36–48 Stunden) abtropfen lassen.
3. Am Tag der Zubereitung die Artischockenböden gut abtropfen lassen und vierteln. Tomaten waschen und halbieren.
4. Oliven grob hacken. Rote Zwiebel schälen und fein würfeln. Beides mit Artischocken und Tomaten in eine Schüssel geben.
5. Olivenöl und Orangensaft untermischen, mit Salz und Pfeffer würzen und Salat etwa 1 Stunde im Kühlschrank ziehen lassen.
6. Oregano waschen und trocken schütteln.
7. Den abgetropften Käse aus dem Tuch wickeln. Mit leicht angefeuchteten Händen aus der Käsemasse kleine Kugeln formen. Zusammen mit dem Salat anrichten, mit frisch gemahlenem Pfeffer würzen und mit dem Oregano garnieren.

WARUM GESUND

Gut Ding will Weile haben: Der im Nahen Osten als »Labna« sehr beliebte Käse braucht Zeit zum Abtropfen. Der Lohn der Geduld sind ein unvergleichlicher Geschmack und eine dicke Portion knochenstärkendes Kalzium. Die Artischocken punkten mit Inulin, das die Darmflora verbessert.

LAUCH-TOMATEN-GRATIN MIT OLIVEN UND BASILIKUM

Pro Portion: Kilokalorien: 226 kcal; Fett: 7 g; Protein: 13 g; Kohlenhydrate: 24 g; Ballaststoffe: 10,5 g

45 MIN.

Zutaten für 2 Portionen

2 Stangen Lauch (ca. 500 g)
75 ml klassische Gemüsebrühe
2 Scheiben Roggen-Vollkornbrot (à ca. 40 g)
20 g schwarze Olivenringe
3 Tomaten (ca. 250 g)
Salz
Pfeffer
2 EL Gratin-Käse (30 % Fett)
3 Stiele Basilikum

NOCH SMARTER

Schauen Sie genau hin beim Olivenkauf. Entkernte schwarze Oliven sind häufig eingefärbt und besitzen wenig Aroma. Entscheiden Sie sich in diesem Fall lieber für die aromatischen Kalamata-Oliven, entkernen Sie die Früchte selbst mit einem Kirschentsteiner und schneiden Sie sie in Ringe.

1. Lauch putzen, der Länge nach halbieren, waschen, abtropfen lassen und in etwa 10 cm lange Stücke schneiden.
2. Gemüsebrühe in einem breiten Topf aufkochen, Lauchstücke hineingeben und zugedeckt 10 Minuten bei geringer Hitze dünsten.
3. Inzwischen das Roggen-Vollkornbrot in der Küchenmaschine zu Bröseln zerkleinern. Die Hälfte der Brotbrösel in eine mit Backpapier ausgelegte Auflaufform füllen und verteilen.
4. Backofen auf 200 °C Ober-/Unterhitze (Umluft 180 °C, Gas: Stufe 3) vorheizen.
5. Olivenringe in einem Sieb abtropfen lassen. Tomaten waschen, die Stielansätze keilförmig herausschneiden und die Tomaten in etwa 5 mm dicke Scheiben schneiden.
6. Die Hälfte der Lauchstücke mit einem Pfannenwender aus dem Topf heben, mit der Schnittseite nach oben auf die Brösel in der Form legen und mit den restlichen Bröseln bestreuen. Restliche Lauchstücke mit der Schnittseite nach oben darauflegen.
7. Tomatenscheiben und Olivenringe darauf verteilen, mit Salz und Pfeffer würzen. Den Käse darüberstreuen. Auflauf im vorgeheizten Backofen etwa 15 Minuten überbacken (gratinieren), bis der Käse goldbraun ist.
8. Basilikum waschen, trocken schütteln und die Blätter abzupfen. Das Lauch-Tomaten-Gratin mit Basilikumblättern garnieren.

WARUM GESUND

Mit dem vegetarischen Gratin sammeln Sie viele Gesundheitspunkte auf einmal. In einer Portion verbirgt sich allein knapp ein Drittel des Tagesbedarfs an darmgesunden und zugleich sättigenden Ballaststoffen. Dazu gibt's reichlich Vitamin C.

ASIA-GERICHT MIT AUBERGINEN

Pro Portion: Kilokalorien: 472 kcal; Fett: 16,2 g; Protein: 30,1 g; Kohlenhydrate: 46,2 g; Ballaststoffe: 9,8 g

28 MIN.

Zutaten für 4 Portionen

140 g Basmatireis
2 Auberginen
1 Stück frischer Ingwer (20 g)
1 Knoblauchzehe
250 g Zuckerschoten
500 g Tofu, natur
2 EL Sesamöl
4 EL Sojasauce
1 TL Austernsauce
2 EL helle Sesamsamen

1. Reis nach Packungsanleitung zubereiten.
2. Die Auberginen waschen, putzen, halbieren und in Scheiben schneiden.
3. Den Ingwer und den Knoblauch schälen und beides fein würfeln.
4. Die Zuckerschoten waschen und die Enden abknipsen. Den Tofu abtropfen lassen und in ca. 2 cm große Würfel schneiden.
5. Anschließend das Öl in einem Wok erhitzen, Knoblauch und Ingwer darin anschwitzen, die Aubergine zugeben und 5–7 Minuten unter Wenden braten. Mit Soja- und Austernsauce ablöschen.
6. Zum Schluss die Zuckerschoten und den Tofu unterheben und erwärmen.
7. Asia-Gericht auf Schälchen verteilen, mit Sesam bestreuen und Basmatireis dazu reichen.

Weitere Low-Carb-Rezepte von EatSmarter!

Low-Carb-Rezepte für das Abendessen
Die 50 besten Gerichte

96 Seiten
9,99 € (D) | 10,30 € (A)
ISBN 978-3-7423-0364-6

Vegetarisch Low-Carb
Die 50 besten Rezepte

96 Seiten
9,99 € (D) | 10,30 € (A)
ISBN 978-3-7423-0363-9

riva